ANYWAY 24

Korfu, Irland, Madeira, Sardinien, Sizilien, Korsika. Ein Reisetagebuch quer durch Europa. Geschrieben in doppelter Optik. Krischan Moritz Schroth ist Reisender im Easyjetset, schnoddrig die Welt als touristisches Angebot konsumierend, Landschaften, Strände, Hotelterrassen, sonderbare Zeitgenossen. Und im nächsten Augenblick auch Autor im Stil der klassischen Bildungsreisenden, ein Wiedergänger Humboldts oder des Weltflaneurs Ernst Jünger. Hinter der Gegenwart einer Landschaft erkennt er ihre Vergangenheiten, die mythischen Schichten, die Träume, die sie hervorbringt. Er beschreibt Flora und Fauna aus profunder Kenntnis, betreibt Völkerpsychologie mit leichter Hand.

Ein Reisebuch voll pointierter Beobachtungen. Elegant, elegisch, bildend und unterhaltend.

Tom Peuckert, Dramatiker


*Krischan Moritz Schroth*, 1971 in Halle geboren, wuchs in Berlin auf und arbeitete im Bereich Theater und Journalismus. Er lebt in Paris.

www.krischanschroth.wordpress.com

moritz.schroth@outlook.com

Krischan Moritz Schroth

# ANYWAY 24

pour Abeille

Hallo zusammen, es geht los und zwar schon morgen, für ein halbes Jahr …

Wer wissen möchte, was wir da so erleben, der geht hier auf den Blog – wer es nicht wissen möchte, der geht einfach nicht rauf und bleibt einsam und verbohrt ;-)

Travel-Blog-Linktip

# 24

Irgendwie – eines der Modeworte unserer Tage. Dauernd eingeflochten wird die Vokabel, wenn der Gegenstand kompliziert und wenig überprüfbar ist, etwa universellen Informationsquellen entstammt. Der Sprecher liefert dem Zuhörer gleich das Mißtrauen über das selbst Gesagte mit, signalisierend, sich seiner Sache nicht sicher sein zu können. Da das Wort auch dort auftaucht, wo der Bericht durch eigene Erfahrung abgestützt ist, deutet sein inflationärer Gebrauch auf eine allgemeine Müdigkeit hin, dem Gegenüber eine Sache präzise auseinanderzusetzen. Daß dabei eine genaue Unterscheidung von **richtig** und **falsch** unter den Tisch fällt, wird schläfrig in Kauf genommen.

# 23

Der Kerl hatte den gleichen Gesichtsausdruck wie Josh Duhamel: er kuckte immer erstaunt. Wahrscheinlich zog die Masche. Sie hatten ihn damit ausgestattet, wie mit seinem Kinnbart; und so kroch er *behende* den Turm rauf, sprang zum Fenster rein, wurde *unerwartet* in einen Sessel geschleudert und blickte, von blonden Haaren daran gefesselt, das Disney-Rapunzel an – total verblüfft.

Ich versuchte mir vorzustellen, wie die Real-Humans von Rapunzel, ihrem Freund Flynn Rider und den anderen aussahen … hatten sie braune Haare oder rote, Sommersprossen, waren Afros dabei … Ein unerquickliches Geschäft, man wühlt nur in der eigenen Vorstellung und strengt sich umsonst an. Irgendwelche Trottel werden sie schon *gefilmt*, *digitalisiert* und dann *bearbeitet* haben. Ich seh's direkt vor mir.

Kuck ich von Rapunzel weg, dreh ich mich auch gleich wieder hin, es läuft über jeder dritten Reihe. Grad schwingen sich die beiden, zwanzigfach, aus dem Turm und sind von da ab, irgendwie noch verstärkt durch unseren eigenen Düsen-Vortrieb, was wie 7.8.8. Km/h, am Rumsausen …

A, ha, ha, ha, ha, a, ha, ha, ha, hu, hi, ho, ho, ho, oh … so weich, i, hi, hi, hi, hi … es kitzelt … !!!!!!!!!!!!! Rapunzel läuft *zum erstenmal* über Gras … uh, ha, hu, u, hu, huauujahuu. Auch ich lach in mich rein. Obwohl ich keine Kopfhörer aufhab?!? Wie das patscht. Eine Pfütze mit frischem Regenwasser. Sie läßt sich ins Gras fallen und *wälzt* sich drin … huuuuaaarggg … Steht aber im nächsten Augenblick schon wieder und tollt ausgelassen, hüpfend und springend durch den Wald, und versprüht eine Lebensfreude, daß ihr Gefährte ganz erstaunt kuckt und sich fragt, ob sie nicht etwas übergeschnappt ist. Auch wenn das Kleid einigermaßen hochgezogen ist, sieht man doch, daß Rapunzel noch keine richtigen Brüste hat, eher so Apriköschen; naja und das paßt ja auch irgendwie zu ihrem Alter, man kann sie maxi auf dreizehn schätzen – aber Flynn ist mindestens zwanzig, das macht acht Jahre Unterschied. Aber vor allem ist sie nicht nur minderjährig, sondern auch unterhalb des Alters, wo „einverständlicher Sex" ok ist. Da die Konstellation aber nun mal aus einem Zwanzigjährigen und einem Frühhado besteht, versucht man sich natürlich auch das Rapunzel mal nackt vorzustellen, mit seinen kleinen Aprikosentitten. Obwohl sonst nicht grad ein Fan von Kinder- und Jugendporn. Die Welt ist so wundervoll, und es gibt so viel in ihr zu entdecken: Ein Schwarm Vögel jagt über Rapunzel hinweg, sie folgt ihm mit einer raschen Kopf(Kamera)bewegung zum Himmel … was war …? Ehe sie es sich versehen, sind sie aus dem

Wald heraus und entdecken im Grünen ein Haus vor sich.

Kaum durch die Tür bereuen sie ihre Neugier. Denn sie sind in einer Räuberhöhle gelandet. Und es sieht gar nicht gut aus für die beiden, vor allem für den Gefährten, weil in dem Unterschlupf ein „Wanted"-Zettel mit dem Konterfei des Begleiters hängt – die gierigen Räuber könnten sich hier ein hübsches Sümmchen verdienen. Von den Klamotten her total aus der Mode, und nicht mal mehr für einen Retro gut; es wird viel rumgestanden, in irgendwelchen Zimmern. Meist im Mantel. Der Typ im schwarzen Sport-Dress-Look in der Sitzreihe drüben, balanciert lässig seinen Schwarzweiß-Film von früher im weißen Laptop auf seinen Knien. Nur so pro forma überleg ich, ob ich ihn kennen könnte. Und wirklich, ehe sie es sich versehen, kommen schon Gendarmen zur Tür herein. Doch die Räuber haben ein gutes Herz und verraten nichts, als sich Rapunzel und ihr Begleiter unter den Tisch gleiten lassen und unbemerkt davonkriechen, blendet hinter'm Bullauge was Weißes, Sonne, Wolken …? … und führen den Gefährten ab, mit dem es nun ein klägliches Ende im Kerker nehmen wird. Doch auf einmal reißt er sich los, versetzt den Gendarmen was und entwischt. Ein vertrauensvoller Blick wird getauscht. Dann stöckelt die Stewardess („Escortgirl") vorbei … Sind im Ticket inbegriffen und immer top.

Die schönsten Erlebnisse hab ich mir meist selbst bezahlt, wie den Urlaub … Dagegen das Gedöns, das man bei *freien* Verabredungen aushalten muß, unendliche Aneinanderreihung von Wortgruppen, ohne daß man endlich mal was … Jetzt hat er die Bratpfanne (Running Gag) in der Hand, mit der Rapunzel ihm am Anfang eins überbriet, und hinter ihm steht das Pferd, das ihn schon die ganze Zeit verfolgt, und er weiß wirklich nicht, wie er auf die andere Seite kommen soll, ohne in den Abgrund zu stürzen. Von irgendwoher kommt ein Gedanke, den ich gleich wieder von mir geb: Soll ich Dir die Uhr vorstellen? Chérie kuckt von der Sondernummer des Express über die Heirat von Katie und William hoch und überläßt mir ihr Zeiteisen (Taucherlook), während sie in die Stadt kommen, die sich für ein großes Fest schmückt. Es gibt Musik (die lustigen Räuber). Abends lassen die Leute Himmelslaternen zu Tausenden aufsteigen, ein See aus Licht. Und hier findet auch Rapunzel mit ihren Eltern, König und Königin – und vor allem mit dem Gefährten zusammen. Rapunzel, die kleine Fotze, öffnet ihre Lippen, „bietet" sie dem Typen „dar" und drückt ihm gleichzeitig diesen perfekten (semi-echten) Kuß auf, bis eine unverständliche Abspannsprache drüberschnurrt, die ein Robo-Surren unterbricht, als sich die Screens in die Decke zurückziehen und die Maschine in den Landeanflug übergeht.

Athen, Mai. Wir zeigen unsere Tickets vor, checken in die Dutyfree-Zone ein, für die wir nicht wirklich Zeit haben, und sitzen schon wieder im nächsten Jet.

Es wird Abend. Die blonde Stewardess mit den wasserblauen Wolfs-Augen. Mein Schoko-Croissant in der aufgeblähten Silberverpackung, ein zweites von Chérie im Tausch für meine Erdnüsse. Schon geht's wieder runter. Die Türen öffnen sich zur Gangway, wir treten raus.

Frische kühle Luft, Grasgeruch – Korfu. Schon mal cool.

Leben und schreiben. Bisweilen Tendenz, nach der Reise zu schnell zum Stifte greifen zu wollen, doch ist zunächst nur wenig abzuringen; den aufgesammelten und zugeströmten Bildern ist noch die Überfülle des Vitalen eigen – hier sind, will man das Wildbret aus dem Verkehre ziehen, Jägereigenschaften gefragt.

Korfu-Town

Wir stehn früh auf, es könnte Geldprobleme geben, nicht jedes Kaff hat heute schon seinen Automaten – auch wenn es das sollte. Wir ballern uns mit Bargeld zu. Jetzt sind wir von dieser Seite cool. Und weiter geht's zum Busbahnhof – um 14h30 fährt einer ab, Richtung Kassiopi oder so was. Chronostand: 11h30, OK, jetzt sind wir noch cooler. Massig Zeit für das Archäologische Museum, unser persönliches Vorab-Highlight.

Davor. Oh Gott – – Enttäuschung: „Aus Baugründen geschlossen".

Das Tor ist aber bißchen offen, wir durch und ins – leere – Museum. Kommen zufällig, in Privatklamotten, drei Arbeiter eine Treppe runter. Wir legen los: „Wir sind Touristen und kommen nie wieder nach Korfu-Town – is it possible to see **only** the **Medusa** … please …?"

Greek-Palaver.

„Please!"

„Nä." (heißt aber: ja.)

Die beiden Älteren schicken uns den jungen Typen in schwarz-goldener Trainingsjacke, der uns zum Saal mitnimmt und vor den berühmten **Gorgo-Giebel** führt: 0:00

0:03 „Schön." (ich)

0:11 „Ja, sehr schön." (sie)

Wir betrachten.

0:25 „Schöne Schlangen an der Seite, was!" (ich)

0:29 „Und die Figuren!" (sie)

0:32 „Hm …" (fast alle ergänzt, aber naja) (ich)

Wir betrachten.

0:42 „She's from the sixth century." (Typ)

0:43 (Ach ja?!) (ich)

0:45 „Oh yeah, its realy old." (wir)

… … … … …

0:52 „We have to go." (Typ)

0:53 (wir) „Yeah sure, thank you, it was wunderful! Thank you so much." 0:56.

Geld haben wir und Zeit sogar mehr als genug, so können wir noch das venezianische Altstadt-Viertel besuchen. Vor dem venezianischen Rathaus hebt eine Taube ab und schleudert mir irgendeinen Dreck ans Auge. Na super! Das gesamte venezianische Altstadt-Viertel ist mit Souvenierläden voll, Tür an Tür. Extrem auffällig: Jede Menge Che Guevara-Badetücher. Unter den verzierten Objekten (Wecker, Aschenbecher, Thermometer) viele in *Braun*tönen, die Oberflächenriffelung … also … *kack*artig und äh, die Wunsch-Phantasien …

Im Busse, die Ostküste hinauf, nach Norden. Nach einer knappen Stunde in *Kalami*; die geschweifte Bucht ähnlich wie die anderen vom Bus gesehenen: stillklares Wasser am Ufer eines von Olivenbäumen bewachsenen Höhenrückens. Wohin der Blick sich wendet, malerische Tiefen und Perspektiven, der überall hervorragenden Zypressen wegen. Die von uns bezogene Pension liegt zwei Häuser über dem einstigen des Dichters Lawrence Durrell. Die Position des Gebäudes, wie des „White House" Durrells, hat eine kleine Merkwürdigkeit; es steht so im seitlichen Teil des Bogens, daß die Wellen wie von einem Schiffe betrachtet, das nie im angesteuerten Hafen ankommt, dem langen Kieselstrande zurollen.

Wir hatten bald unseren Lieblingsort gefunden, die kleine Gialiskari-Bucht hinter der großen von Kalami. Dem Deutschen fehlt hier übrigens ein Begriff, es unterscheidet nicht zwischen schmalen und weiten Buchten und bedarf des Zusatzes; das Französische hält dafür etwa das Wort anse, Henkel, vor.

Lagunenartig die Bucht, den türkisblauen Spiegel schließen niedrige Felsenzungen, die Kaps, halb ein. Darüber, fast bis zum Wasser, Macchia und allenthalben die Säulenzypressen. Der Landschaftsschnitt ist toskanisch. Korfu gehört zu den Kontakt- und Übergangszonen – mit ihrem eigenen Zauber. Felswände bestehen aus Plattenkalk. Die spannenhohen Schichten gaben unter dem Druck nach und wellten sich, wie uralte Bücher, man staunt über die Flexibilität des Steines. Wir ließen hier mehrere angenehme Tage an dem Hangtale verrinnen ... Dabei ein, beinah' fühlbares, Auseinandertreten der Zeit. So glich die Bucht einem Gemälde, wo nichts mehr zu vervollkommnen war – und wir dem Betrachter, der bald weiterzieht.

Auf dem schmalen Weg zur Bucht durch ein Wäldchen auf einem knochenbleichen Baumstumpf die erste Schlange, eine Schlanknatter mit hübschem Halskollier. Die Vorhersage, Korfu sei eine Schlangeninsel, war somit bestätigt. Nun galt es der Dialektik Herr zu werden, die Schlangen möglichst lautlos aufzuspüren *und* zu „verscheuchen", damit Chérie nicht geängstigt wird. Aufmerksamkeit, in beide Richtungen, war hier der Königsweg.

Unternehme einen Abendspaziergang, der erste seit Ankunft vor zwei Tagen, mit einsetzender Dämmerung kamen immer Gewitter und Regen auf, Luft kühlte sich gleich merklich ab. Man sieht hier derlei Wetter *wandern*, mal kommen sie von der nahen albanischen Küste herüber, dann von der Westseite der Insel. Eine Verkäuferin des Supermarktes sagte uns, im Winter könne man beobachten, wie der

17

Schnee auf die albanischen Berge fällt, während es auf Korfu in dieser Zeit nur regnet. Die schmale Straße führte mich langsam in die Höhe und um die Gialiskari-Bucht herum. Dem raschen Eindrucke nach reich bewaldet, wachsen indes stattliche Villen über mehrere Terrassen (stets mit Swimmingpool) aus den Pflanzungen. Neben einer solchen eine abgesteckte Olivenplantage; die Kronen der Bäume heruntergehauen, brandgeschwärzte Stümpfe, an einen das Schild genagelt: *Land for sale.* Der Anblick stimmte nachdenklich. Warum noch hierher fahren? – um es noch einmal zu sehen, bevor es verschwunden ist ... Einwand der Eiferer, das eigene Hiersein trägt zum Verluste bei, sticht nicht, gegen die Zeit stemmt sich kein Einzelner, obwohl sie gerade das *glauben*. Der Augenschein bezeugt ein anderes.

Vor der verwüsteten Plantage, am Wegrande, eine Pyramidenorchis in frischem Gras. Auf einem langen lauchartigen Stengel die rosanen Blüten in einem dichten, wie der Name sagt, Konus; davor schwangen im Winde die geflochtenen Ähren eines schönen Zittergrases. Auch das ein dürersches „Grasbild" ... Sonst auf den Wiesen wilde Gladiolen, Zungenstendel.

Wenn hier von Villen die Rede war, so ist auch an die *römischen* gedacht. Sie scheinen in Südeuropa eine Art Wiedergängerdasein zu führen, Säulen, Marmorböden, farbige Innenwände, Stuckdecken. Eines der Rätsel unserer Zeit, wo nicht der Zweck die Mittel heiligt (oder Eskapismus), kommt es nicht über die Imitatio hinaus; wie hat eine Eingangstür auszusehen, der Schwung eines Daches, ein Fenster, man schaut zurück und ahmt es, *modernisierend*, nach.

Das sind Pasticcios. Ähnliches bei den Künsten, so sind etwa A u t o r e n heute nicht mehr in der Lage, einem ursächlichen Gefühl oder Gedanken eine Entsprechung zur Seite zu stellen; sie wissen nicht, wie sie sich einem Gegenstand (und sei es ein Grashalm) nähern sollen und bekommen ihn folglich nicht zu fassen. Auch das stimmt nachdenklich.

Steh auf unserem Balkon und kuck in die Kalami-Bai; verteilt Häuser im Hang, gerade rüber zehn Buildings, wovon eins, sind alle rosa, das Pink-Palace sein soll. Kuck grübelmäßig. Irgendwer meinte, in dem Dorf halten vier Familien die Stellung im Winter, auf dreißig, vierzig Häuser. Das Ding ist ein Phantom-Ort. Plötzlich Geisterfeeling, wie hier alles zu ist und alles steht rum, der Supermarkt geschlossen. Mit der süßen Kassiererin (Mitte dreißig, sanft und melancholisch (brünett), aber voller Herz und Hoffnung), haben wir hier hübsche Drehbuchtexte gesprochen, die Ökonomie ist down, aber wir sind alle gleich, haucht sie, und um ihr das Leben etwas leichter zu machen, sagen wir (reportagemäßig), daß auch in Paris alles *sehr*, *sehr* teuer ist. „Paris", sagt sie, „it's my dream, it's *my* dream", und lacht.

Engländer. Wo die Natur etwas Parkartiges oder Kultiviertes hat, da ist auch der Engländer nicht weit, und Korfu scheint zu seinen *favorites* zu zählen. Kalami (es zieht vorzugsweise ältere Engländer an) *ist* gleichsam englisch, so daß man sie gut studieren kann.

Der Engländer ist immer noch ein Sportsman im weitgefaßten Sinne, er geht gern ins Wasser, die alten drehen dabei endlos lange Runden, die jungen stürzen sich vom Felsen. Im Restaurant White House, zur Hälfte englisch betrieben, sitzt man zu achtundneunzig Prozent mit Engländern zusammen, die sich steif zuprosten, während ein ergrauter, doch agiler Landsmann vor der Uferterrasse seine Schleifen auf dem Wasserski fährt (lady on bord). Von der englischen Höflichkeit ist ausgiebig gesprochen worden, deshalb sei das Thema hier nur gestreift; aber zwei Beispiele waren gar zu typisch. Über eine Orchidee gebeugt, fragte mich ein Engländer in Begleitung zweier Damen, was ich täte, ich wies ihm das Gewächs, worauf er mir versicherte: „Thank you for having shown us." – was einem Deutschen wohl nie über die Lippen gekommen wäre, dafür aber sicher das scheußliche *Super*. Ein andermal einen äußerst schmalen, steilen und verkrauteten Pfad entlangspazierend, kreuzten wir drei Engländer (wieder *ein* älterer Herr mit *zwei* sehr betagten und gebeugten Damen); der letzten und langsamsten Platz machend, gab sie ein derart genäseltes und knarrendes „thank you" von sich, daß sich das Verhältnis gleichsam umkehrte und ich einen Anflug von Dankbarkeit empfand, daß sie mich ihres Dankes würdigte. Hier wird der Unterschied zum Deutschen recht deutlich, der entweder ohne Manieren lebt oder dessen Höflichkeiten bisweilen als verlogen aufgefaßt werden. Der Umstand schreibt sich daher, daß sich der Deutsche (von ein paar Grundregeln abgesehen) auf sein eigenes Geschick und seinen Charakter verlassen muß (mit denen er eben nicht immer Erfolg hat), während Engländern (wie Franzosen) ein Arsenal standartisierter Verhaltensweisen zur Verfügung steht, die sie nur im passenden Moment in Anschlag bringen müssen, was ihrem Auftreten in den allermeisten Fällen Sicherheit und Gewandtheit verleiht, wenn auch nicht immer große Herzlichkeit, auf die sich der Deutsche so viel zu Gute hält.

Ein Irrtum in Detailfragen, auch das Notieren fehlerhafter Erinnerungen gehört zum getreuen Aufzeichnen – sofern man es nicht besser weiß.

Dabei Gedanke, alles was sich vollzieht, geschieht in Wahrheit.

Die Tage vergingen furchtbar schnell – und deshalb genossen wir sie besonders intensiv. Noch war alles da, die Agni-Bay hinter der Gialiskari-Bucht, über einen Saumpfad am Ufer erreichbar, wo wir uns vom Nichtstun in einer Taverne kräftigten, unter deren Decke Schwalben nisteten, „they build a house", sagte der gutmütige Wirt, oder wir wählten den Weg links von Kalami und machten nach einem Ausflug zu einer völlig vereinsamten Bucht Station in Kouloura mit seinem friedvollen Segelhafen, und aßen köstliche Tiropitakia. Bei der griechischen Küche müßte man eine Extra-Abhandlung über das Brot schreiben, es verkörpert die Seele Griechenlands. Alle seine Teile, der Duft und seine feuchte Frische erzeugen ein Wohlbehagen, in dem sich, man weiß nicht wie, ein Wort bis in unsere Tage gerettet hat – Einstmalen ... Doch wo wir auch waren, überall begleiteten uns die unsagbar schönen Wolken. Sie glichen nicht jenen von den Kykladen, die, kaum daß sie in der ägeischen

Hitze aufkommen, sich sogleich über den blendendweißen Kirchen wie Dampf aus einem Kessel auflösen und Platz für den emailblauen Himmel machen; die Wolken Korfus waren kontinental und wirkten deshalb auf der kleinen Insel um so eindrucksvoller, sie schoben sich breit und grau heran, oder türmten sich zu hohen Bergen auf, weiß und schön wie Schlagsahne.

Superherzlicher Abschied von der ungarischen Pensionsangestellten und los geht's mit dem Taxi rauf nach Norden; Orte, Landschaften, Resorts, Resorts, Landschaften, Fenster bißchen auf, bißchen wieder zu, Coca nach vorne reichen wegen Übelkeit, Straße steigt steil an, halten irgendwo in was dorfmäßigem, dort steht schon ein dynamischer Opa, packt unsere Koffer auf einen Pickup, wir hinterher und sind nach fünf Minuten an der nigelnagelneuen Pension von **Afionas**. Treppen rauf, Einweisung, Schlüsselübergabe, Tür zu, aber Balkontür auf, Blick durch ein paar kleine Bäume auf eine Mini-Aussichtsplattform, wo *Wanderer* rumstehen und Fotos machen von der immens großen eisblauen Bucht, hundert Meter unten.

Mit dem hyperaktiven Alten im Pickup runter zum Supermarkt. Wird 'ne Quasseltour, where you from, die Weltwirtschaft und der Skandal. Was für'n Skandal? In der Pension, mach ich den Fernseher an und zap zu einem Nachrichtenkanal und seh – DSK. Später gibt's noch (schon) eine Computer-Animation, DSK stürmt, bis zum Gürtel nackt (Rest weggeblendet), auf was Schwarzes zu und schlenkert die Arme wie ein Affe. Die Animation ist mieser als ein Handy-Spiel und hat nichts Realistisches wie das Rapunzel.

Am nächsten Abend im Panorama-Restaurant der Pension, die Scheiben der Riesenfront sind weggeschoben, man ißt vor dem lebenden Bucht-Bild; wir sind allein und ich sag zu Chérie:

„Weißt Du, warum ich dich liebe?"

„Non, oui …"

„Weißt du, ich stell mir manchmal vor, ich wäre, oder würde mit einer anderen Frau verreisen … das könnte ganz schrecklich sein."

„Hm …?"

„Ich stell mir zum Beispiel vor, wir gehen in eine orthodoxe Kirche, und sie will sich alles ansehen, wirklich alles, und kuckt und kuckt, aber nicht, weil sie viel davon versteht, sondern weil sie meint, man *müßte* es sich ansehen. Wir beide gehen einfach rein, sagen: „gräßlich", gehen wieder raus und fertig."

Schnucki schürzt die Lippen.

Das Gespräch zerstob darauf rasch in verschiedene Richtungen, indes war ein wichtiger Punkt berührt, über den Einigkeit besteht, man sieht die Welt nicht ohne Bücher, sie bilden ein unsichtbares Gitternetz, die Zwischenräume füllt die Wahrnehmung aus; wie eng es geknüpft ist, ist eine Frage des Naturells.

Gaben uns im Freien sofort wieder die Aussicht und gingen dann, vor dem Schlafengehen, noch etwas DSK kucken.

Das Taxi nahm nun einen neuen Weg, den zur Westküste und befuhr damit eine abgewandelte, strengere Landschaft, der sich nach Norden zusehends verbreiternden Insel. – Auch Korfu hat die Form eines Knochens, wie viele andere Inseln, das Meer nagt an ihnen; doch gibt es auch etliche Eilande, die einem Brotlaib ähneln – Fruchtgärten in der Wasserwüste, hier wäre ein Katalog in Angriff zu nehmen ...

11.30. Die Vermieterin der rosanen Reihenhauspension führt uns glatte Stufen eine Etage hoch und geht wieder nach dem Einführungsblabla. Noch haben wir von **Paleokastritsa** nichts weiter gesehen, als den Ausschnitt hinter der Balkontür mit: gelben Dachziegeln, an denen ein Gemüsegarten klebt, der von einem Parkplatz abgelöst wird, den T-Shirt-Buden begrenzen, wovon ein grüner Hügel abgeht (Busse krauchen rauf) oben drauf ein Drahtkreuz, rechts davon Meer-Wasser, einem angeschnittener Olivenbaumhügel und weißen Plastikstühlen auf unserem Balkon.

Unten, am Schlendern, kippen grüne Klippen, Strand/Parkplatz, Restaurant-Promenaden, Hafen-Becken und Souveniershops so ineinander, daß das Ortsbild was von spiegelnden Scheiben hat, die von überall irgendwohin was zurückwerfen.

Über die Promenaden drängten sich tätowierte Engländer, die der klassenbewußte, im Rang über ihnen Stehende nur *nobodys* nennt. Wir hatten genug gesehen und zogen das Zimmer vor. Der Nachmittag verstrich in ungewohnter Leere. Da die einzige Beschäftigung der Klosterhügel zu sein versprach, machten wir uns endlich zu diesem auf; auf der Straße jedoch, welche sich an der Pension hinaufzog, wählten wir stattdessen gleich diese und ließen das Kloster fahren.

Bald war man bloß von Ölbäumen, Eichen, Zypressen und Mastix umgeben, einer Art dunklem Bergwald; teils dem kahlen Fels entwachsend, reckte sich mancher Stamm auf seinem Postament zu Riesenmaßen – wir fühlten uns nicht wenig an das Baumgewühl der Wälder Korsikas erinnert. Die Teerstraße wandte sich in Schlaufen immer weiter den Berg oder Hügel hinan, bis sie an einer Kurve wenig unterhalb der Kuppe aus dem Halbdunkel trat und den Blick auf Paleokastritsa freigab: Von allen Seiten wallte tiefgrüne zottige Waldung über gewellte Höhenzüge dem Meere zu, dessen bebautes Ufer aus dieser Perspektive nur mehr einem schmalen Striche oder einer Röhre glich.

Wir futtern das Zeug aus dem Supermarkt, schmeißen uns auf's Bett, jeder liest irgendwas, draußen wird's richtig, richtig dunkel und plopp, gehen auf dem grünen Hügel an dem Drahtkreuz Lampen an; ich find, das Ding hat Gag-Charakter und mein, wir solltens fotografieren, sie knipst es hochkant und ich noch mal quer hinterher …

Des Nachts (kehrte mehrmals wieder) unangenehmer Besuch; eine Art Untote stürzte im Flug auf mich herab, mir ihre blutunterlaufenen totenschwarzen Krallen einzuschlagen. Hatte auffallend große Ähnlichkeit mit der Wirtin (schwere Brüste, schlechte Zähne), weshalb ich das Wesen den Sukkuben zuordne.

Wach am Morgen aus einem Jeans-Hosen-Store-Traum auf, in dem mir der Verkäufer die *ich bin das Model und du der letzte Scheiß* Nummer macht, die ich mit der *ich bin der Konsument und mach was ich will* Tour beantworte ... Ergebnis: Dutzende Jas und Neins klatschen rum; geht auf der Taxi-Fahrt gleich weiter, als der Fahrer mit DSK loslegt, war er's, war er's nicht, war's 'ne Falle oder nicht, Unmengen Buchstaben, die auf die Fußmatte stäuben.

Pelekas

Der Empfangschef eilt auf den Vorplatz, entledigt Herzblatt des Koffers, führt uns in das im klassizistischen Stile errichtete Hotel, geleitet drei Stufen hinauf und entläßt uns in das Zimmer: Ich trete ans Fenster, öffne die Läden, wodurch das Zimmer mit hellblauen Wänden und einem baisergelben Baldachin über dem Bette vollkommen erhellt ist, und blicke entzückt vom ersten Stock auf einen grünen Garten nebst Terrasse, den Hügel selbst, auf dem sich das Hotel befindet, eine weite Ebene rechts und das ferne Meer vor uns, zumeist weiß und unbewegt, wie eine endlose gefrorene Fläche.

Nach dem Kleiderwechsel enteilen wir der Unterkunft einzig, um sie umgehend mit Apfel- und

Orangenkuchen, Tee und Cappuccino wieder aufzusuchen und uns auf dem Balkon damit zu erquicken. Wer imstande ist, der *inneren* Ruhe zu genießen, ja derselben sogar bedarf, dem mag unser Tisch mit dem reizenden Panorama im Hintergrunde genügen ...

Zu Abend im Salon, angefüllt von Objekten, Bildern und Möbeln, gespeist – und zwar trefflich. Wir hätten das Hotel am Ankunftstage vielleicht gar nicht verlassen, doch reizte mich zu wissen, was es mit dem „Kaisers Thron" auf sich habe. Der niedrige Rundturm steht am Rande des Plateaus und schenkt tatsächlich eine exquisite Aussicht, zumal zu dieser Stunde:

Die Sonne war bereits entschwunden, ein letztes Rauchrot verblaßte im Dämmer, und die Gegenstände sanken in eine Art Gegenlicht; was sie an Farbe verloren, das gewannen sie nun an Kontur ... Eine lieblich von Zypressen und Erhebungen belebte Ebene (darin verstreute Siedlungen) reicht weit nach Norden, wendet sich ostwärts bis zur Meerenge Korfus, von deren Ufer sich Kerkira tief ins Land hineinzieht und setzt sich, auch hier die schönen Zypressen, nach Süden fort, wo, wie im Norden ein Höhenzug das Bild schließt. Mit der letzten Drehung kommt wieder unser von Bäumen umgebenes Hotel und das Ionische Meer dahinter in den Blick: von anderen Gebäuden ungestört auf seinem aus der Ebene gewachsenen Hügel thronend.

Kaum jemals sah ich ein zarteres Panorama, es ist wahrlich, als läge einem die Welt zu Füßen. Worüber das Auge schweift, die Weiler und Straßen, die Wege zwischen den Hügeln und Plantagen verraten noch jede Bewegung, man blickt, ohne selbst entdeckt zu werden, in das Räderwerk menschlicher Ordnung. (Fast läßt sich das Gras wachsen hören!)

Man entsteigt dem Turme schließlich mit einem Gefühl der Berauschtheit oder des Schauders, wie es uns bei dem befällt, was menschliche Größe nur zu ahnen, doch nicht zu erfassen vermag, ohne es zu zergliedern.

Mit letzter Helligkeit Rückkehr zum Hotel. Weg führte durch eine kurze Arkade strauchiger Eichen, worin bereits nächtliches Dunkel herrschte ... Dieselbe flankiert eine Blinkgirlande des Hotels, zu Animationszwecken, wenn man vom Lieblingsplatz Wilhelms II. kommt; sie machen vor nichts Halt, denken wir belustigt ... bis uns der Irrtum bewußt wird – Glühwürmchen schweben, dabei ein ungewöhnlich weißes Licht aussendend, entlang der Vegetationsstreifen. Langsam und wie Gulliver traten wir in den Laubengang und unter die fliegenden Lichter; den Weg bisweilen kreuzend, gleiten die Käfer (Luciola lusitanica) auf Kniehöhe an uns vorüber. Sie taten dies in einem auffallend langsamen Fluge, so daß die Szene wie unter Wasser oder im Kosmos stattzufinden schien. Sonderbar auch, wie sich im Beobachter, den Bahnen folgend, das dynamische *Raum*gefühl des Fliegenden einstellt. Die Analogie zum Flugzeuge war in manchem evident, auch in dem *regelmäßigen* Blinken, das den Positionslichtern der Kolosse ähnelt. Den Flug umgibt, selbst in unseren Tagen, noch ein Zug des Außergewöhnlichen, die Routine hebt hier die Empathie nicht auf. So empfanden auch wir es gerade auf dem Turme wieder, den Maschinen im Anflug auf

Kerkira nachsehend, die sich von See her der Landebahn nähern, und deren Aufsetzen über die große Distanz zu beobachten war.

Ausgiebiges Frühstück, unter Engländern und Australiern. Für den Tag ist ein leichter Streifzug vorgesehen.

Folgen in Schlaufen einem Wanderpfade ins Dorf hinunter und bis zum Ortsausgange, wo er das Asphaltband verläßt und in einen zugewachsenen Wirtschaftsweg übergeht, zwischen Olivenplantagen auf Blumenwiesen. Gleich ein schöner Fund; dem violetten Ruhekissen eines Distelkopfes saß ein Widderchen auf. Die goldbronzenen Flügelchen waren hauchdünnen Metallplättchen so vollkommen ähnlich, daß einem unmittelbar eine damit gewandete Ballettänzerin vor Augen trat, an deren Kopfe man lange schwarz-weiße Taster befestigte. Die Sonne schien nun bereits mit der Wärme des frühen Nachmittages herab, und führte uns bald Begegnungen zu, wie sie zu diesen Stunden gehören: Hinter einem Zaune gewahrten wir den Vorderteil eines sonst im Grase verborgenen Scheltopusik. Die Panzerschleiche gleicht einem evolutionären Zwischenglied von Eidechse und Schlange, doch gehen solche Einordnungen fehl, die Gattung ist sehr alt, und schleppt eher vieles mit. Das Tier blieb trotz unseres Erscheinens so völlig indolent, daß mir Zweifel an seiner Lebendigkeit kamen. Die Probe auf's Exempel machend, griff ich einen Pflanzenstengel und machte eine Bewegung in seine Richtung; die Reaktion blieb minimal, indes veranlaßte die Intervention eine große Natter das Feld zu räumen, von der ich bloß den

Schwanz erhaschte, bevor sie ins Unterholz entglitt, dabei einigen Lärm machend, offenbar war das Tier recht schwer. Den Linien zu urteilen, eine Vierstreifennatter, doch fehlt hier letzte Sicherheit. Mangelnde Bestimmung hat immer etwas Ärgerliches, die Kreatur kehrt ins Dunkel zurück und nimmt ihr Geheimnis mit – andererseits kam sie auch daraus hervor …

Die Schneise fällt schließlich wieder zur Asphaltstraße, die sich langsam dem Felsstrande von Myrtiotissa zuwendet. Auf dem Fahrbahnrande eine durchs Auto zu Tode gekommene Hornotter, überwalzt hatte sich das Rückgrat neben dem kräftigen Zickzackband herausgedrückt. Im Anblicke kommen einem gleich mehrere Begegnungen dieser Art ins Gedächnis; so lag auf Amorgos ein lichtbrauner toter Skolopender vor einem Bauernhause, hier wie dort der Unwille, das Tier zu zählen, das heißt, denen zuzurechnen, die man in vivo beobachtete. Die seltsame Form des Zweifels … „das kann dort auch nur abgelegt worden sein" … hängt vermutlich mit dem Bild der Hülle zusammen, aus der das Leben wich.

Straße mäanderte mehr als gedacht und endete erst nach knapp zwei Stunden am Felsenstrand, auf den ich von der Hitze platt bloß runter*kuck*. Nacktärsche unter knallbunten Sonnenschirmen. Strand ist so dünn, daß er bald ganz weg ist, die verschiedenen Theorien der Einheimischen, es regnet zu viel, der Meeresspiegel steigt, sind mir eigentlich egal, düsen im Taxi zurück, laß mich ins Himmelbett fallen, mit leichtem Sonnenstich, der mich mit Sexbildern überflutet …

Zum Abend wieder auf den Turm; Kaiser Wilhelm scheint ein Gespür für pitoreske Orte gehabt zu haben, Taormina war von ähnlichem Kaliber. Den Mann kann man ungeprüft zum Reiseführer nehmen. Verwaltete selbst ein ansehnliches Reich; schrumpelte seither immer weiter ein, als sei ihm der Saft ausgegangen, Territorium schmückt sich aber noch mit dem alten Reichsadler, hat im Grunde keine Berechtigung mehr, vom Sinn nicht zu sprechen.

Verbrachten den vorletzten Tag auf der Terrasse, ließen uns gelegentlich Speise zuführen, arbeiteten Kartengrüße ab ... Am Nebentische zwei reife Paare, das ältere Engländer, das jüngere Australier. Sorgten mit ihrem unausgesetzten Talk für eine Art Begleitmusik; Australier las aus einer Boulevard-Zeitung vor, was mit größter Aufmerksamkeit verfolgt und bisweilen bei ironischer Betonung mit einem Lachen quittiert wurde. Unterhielten sich zu viert lange über Wasserpreise, dann beide Engländer über Schlüpfrigkeiten, die uns zu ein paar französischen Bemerkungen einluden. Zu unserer Überraschung streute der Alte aber zwischendurch ein „Coup de fusil" (Gewehrschuß) und Ähnliches in flüssigem Französisch in seine Rede, so daß wir schließlich auf's Deutsche auswichen, wohin er uns hoffentlich nicht folgen konnte.

Der Tag war ein Feiertag für Korfu und die anderen ionischen Inseln, er markiert den Anschluß an Griechenland; doch erinnerte mich Chérie auch daran, daß vor einem Monat der Schwiegervater hingegangen war ... Macht euch Erinnerungen ...

Abends bei Sonnenschein zum Turm; da Besucher darauf waren, suchte ich solange die Doldenblüten an seinem Fuße nach Insekten ab. Unter den Gästen mehrere Bienenwölfe, einen ließ ich über die Hand spazieren, wovon Chérie ein Photo nahm; beim Sichten später zeigte sich, der Käfer war nicht schlecht getroffen, am besten jedoch die Uhr, sie wies: 19.35.53. Genauer hätte man den Augenblick nicht haben können, doch war es nicht von Belang; es kommt auf die Umstände an, bis die Zeit aus dem bloßen Zählwerk heraus und als schicksalbildende Macht ins Bewußtsein rückt.

Das Tierchen stellt den Bienen nach, wie eine Grabwespe gleichen Namens sowie der bunte Bienenfresser. Letzterer plündert die Kästen, indem er (zum Gram des Imkers) über den im Umkreise Sammelnden wie ein Rudel herschwärmt und man ist geneigt, ob seiner Schönheit und seines Jagdeifers, ihn den Harpyien gleichzusetzen.

Paris. Durrells Korfu-Buch, „Prosperos' Cell", beendet; der Dichter ist am Detail, soweit es die Landschaft betrifft (im Gegensatz zur Geschichte), mäßig interessiert, malt alles im Aquarell, wobei die Einzelheiten *verschwimmen*. Hat eine Neigung zum Kitsche, indes geraten auch Stimmungen und Impressionen, so über Pelekas, von dem er sagt: „Über diesem Meer von Grün erhebt sich ... die einsame Felsenspitze ..."; die Abende verbringt er bei einem (philosophischen) Grafen im Garten und lauscht nebenher, wie zuweilen Orangen auf den Moosboden herabfallen. Solche Beschreibungen gehören zum

*Atmosphärischen* und leiten ihren Wert aus dem
*Momentum.*

# 22

## IRLAND

Dublin

Ich mußte über den Poststrukturalismus nachdenken, wahrscheinlich hatte er recht, das Individuum ist nicht die Summe seiner Teile, sondern das Ganze sind nur Teile, als wieder ein gelber Amphibien-Bus von Viking Splash Tours vorbeifuhr und die behelmten Teilnehmer auf Kommando des Animateurs HOOOOOOO brüllten – um die Fußgänger zu „erschrecken". Es funktionierte. Ich war Teil der Splash Tour. Es hatte wieder ein Cross over stattgefunden. Und ein Austausch.

Unterdessen nähern wir uns dem Trinity College, dort sind das Book of Kells sowie das Book of Durrow in einem Glaskasten ausgestellt, worum eine dichte Traube steht. Ich sehe auf die offenen keltischen Schwarten (für Chérie sind's Faksimiles) … mit orange-gelb-grünen Luftschlangen, ein zeitaufreibendes Gewusel … Dabei fällt mir unser silberner Salatlöffel von zu Hause ein, neulich starrte ich eine Weile seine *Bordüren* oder weiß der Teufel was an, und stellte ihn schließlich ergebnislos wieder in die Schüssel zurück, zur Salatgabel von früher. Eine Treppe höher befindet sich die Old Library, rechts und links stapeln sich, von Kordeln abgesperrt, Lederschwarten bis an die halbrunde Decke. „Sehen *wirklich* unecht aus", sag ich zu Melitta, „ja, das sind bestimmt Attrappen" ... andererseits sind Seiten drin...; wir schlurfen träge durch den Long Room im Strom der Touristen*gruppen*, um uns die Bücher, wie was aus einer sehr fernen Epoche.

Es gibt Formulierungen, mit denen kann man sich nie anfreunden: etwa *Niemandsland*. Hier schwingt bewußte Vernachlässigung mit, was dem „Niemandsland" seine Grenzen setzt. Oder die Wendung, „der Tod gehört zum Leben". Eine Banalität. Dagegen der Ausspruch: „Mitten im Leben sind wir vom Tod umfangen". Paßt eigentlich schon überall.

Nachmittags in die Saint Patrick's-Kathedrale, protestantisch (zu bezahlen wie die katholische). Verfügt, hoch oben von den Wänden hängend, über eine Reihe von Fahnen der Countys und andere; bei einigen war bloß, Brand, Zerfall der Zeit?, das kohlschwarze, staubige Stützgitter übrig – das nennt man echten (englischen) Traditionsgeist. Den Iren ist manches vom Engländer geblieben, auch Gutes, so waren auf der Reise die Accommodations zu loben, Bäder und Betten durchweg bequem und solid, ließen keine Wünsche offen. Etwas sonderlich die

Waschbecken, verfügen stets über zwei separate Wasserhähne für warm und kalt. Die kleine Umständlichkeit erinnerte mich an Frankreich, hier lebt die Sitte, sich am Hörer nicht vorzustellen, sondern gleich den Angerufenen zu verlangen, Quelle ständiger Irritationen. Darin spricht sich ein, über einfache Gewohnheiten weit erhabener, Glaube an Ordnungen aus.

Der leichte Anflug von Schwermut vor Reisen ... liegt es am alten Nomos ... Doch ist der Abschied erst genommen, läuft es sich mit leichterem Gepäck. Auch bedient man sich fortan nur noch vom eisernen Proviant – aus der *Jagdtasche seines Gedächtnisses*.

Im Hotele; langsam bereitet sich die Nacht vor, Groß-Möwen kreischen noch mal über den Schornsteinen, oder setzen sich drauf. Der Dubliner Stadtbezirk Temple Bar erwacht, während wir unsere müden Glieder niederlegen, der Ethno-Shop vor unserem Fenster hat jetzt zu und seine Musik ist verstummt, nun dringt aus den Pub's irischer (live) Folk-Gesang, es geht hier zu wie in einem Hühnerstall, Unmengen Leute wandern durch die Straßen der niedrigen (und etwas traurigen) Backsteinhäuser, darunter sehr viele junge Mädchen, aber auch viele abgehangene Amerikanerinnen (wenn sie nicht gleich in der Hausbar des Hotels versumpfen) – um die Nacht zum Tage zu machen. Lange lauschen wir dem Singen und Johlen, bis tief in den Morgen, darauf folgt eine Zeit völliger Stille, als wäre die Stadt vor Erschöpfung eingenickt, worauf die Mini-Kehrwagen durch die Streets schrubben, so daß am Morgen kein zersplittertes Glas oder etwaige Reste von Erbrochenem zu sehen sind, es ist die Zeit, wenn die Tanklaster mit frischem Bier kommen und die Sonne wie ein Versprechen durch die Wolkendecke blinzelt.

Heute das erste gelungene Gebäude: The National Museum, im Palladiostil. Von einer Eisenkonstruktion in der Haupthalle abgesehen, sämtlich mit Geschmack. Beherbergte Irlands archäologische Funde, worunter die „Keltenschätze" herausragen ... Ganz und gar wunderlich, glaubt man in einen Zaubergarten zu treten, scheint doch alles dem Wunsche zu folgen, das, was die Phantasie in Sagen und Märchen ersinnt, auch Gestalt und gleichsam lebendig werden zu lassen ... Man wartet förmlich, bis jemand den Bann bricht ...

Auf einer Silberschreinschließe bewunderte ich Wirbel von unerhörter Kleinheit, kaum vermochte das unbewaffnete Auge denselben zu folgen, und dies nur, weil sie in solcher Präzision! ausgeführt waren ... Der restliche Tag stand derart unter dem Eindruck dieser Wunder, daß ich mich seiner kaum mehr entsinne ...

Fast hätte ich es vergessen, waren heute auf der nördlichen Flußseite zufällig im Armenviertel. Dieselben sind in Europa recht selten geworden, man durchläuft sie wie *andere* Touristen-Attraktionen auch, und billigt ihnen inzwischen eher Kuriositäten-Charakter zu. Zweifellos ist das Leiden der Heruntergekommenen und Schlechternährten aber echt ...

Morgen geht's weiter!

Verlassen Dublin, gleicht wie viele Hauptstädte einem Spiegelkabinett, man lebt von Projektionen ... Überfahren auf der Autobahn mit dem Shuttle-Bus die Worte *Slow now* und donnern später an dem vollen Satz auf dem Verkehrsschild an einer „falschen" Ausfahrt: *Attention this way is wrong no return* vorbei. Was zeigte, der Realismus ist noch da. Aber er sieht jetzt anders aus, er ist schmaler geworden, smart, eben gerade wie ein Stück Autobahn mit seiner suggestiven Semantik am Rand. So verschlankt spielt er seine komplette Eiseskälte und Illusionslosigkeit aus.

Bus fährt den Wicklow-Mountains zu und quert unausgesetzt, sich über Hügel breitende, von verbuschten Rainen abgeteilte, Kuh- und Schafweiden. Das *ist* Irland. Unter den Landstrichen noch ganz urtümliche, wie man sie von den Bildern Ruisdaels kennt – bäurisch. Was die Menschen angeht, verfestigt sich der Eindruck, fünfzig Jahre zu spät gekommen zu sein ... Der irischstämmige Amerikaner kommt, um hier nach seinen Roots zu suchen herüber.

Glendalough

Diese Stätte ist sehr, sehr alt, sie datiert ins zehnte bis zwölfte Jahrhundert. Manches ist noch älter. Unfaßbare tausend Jahre sind sie alt – die massigen Wände der Häuser, wie ihre Dächer sind aus grauem Stein gefertigt. Mir passiert es nicht oft (überhaupt im Leben nicht), daß ich an die Herr der Ringe-Filme denken muß, aber hier fallen mir wieder die spitzen Ohren ein; es ist das einzige Mal auf der Tour, bis auf den vorletzten Tag. Wir saßen im getönten Interregio und neben uns, am Fenster,

Mutter und Tochter, beide pufig (Tochter süß und kurz), die Klatsch-Fick-Blätter studierten und sich auf *keltisch* unterhielten ... rat na klat-ch ra t na ron, naja so ähnlich jedenfalls klang's und ich vermute, es ging um die Hinterbacken von Robbie Williams.

Ziehen uns das *Tal der zwei Seen* (Mönchdings war am Vorabend abgegessen) mittels des Green Road Walk Easy rein, unten am See Nr. 1 losschlängelnd. Zwischen dem und uns akkuratst geschorener Rasen, auf dem Kies-Weg kein Aststückchen, obwohl auf der anderen Seite unberührter, sich selbst überlassener Wald die Hills ansteigt. Der prächtige Mischwald – romantisch liegen die umgestürzten Riesen den aufrechten in den „Armen" und zu „Füßen" – ist eine Freude für das Auge wie das Herz: Wer wollte all die Grüntöne zählen. Zu allem Überfluß gedeiht im Walde der herrlichste Rasen, was dem immerfeuchten, milden Wetter zuzuschreiben ist.

Leute trotten im T-Shirt mit Hunden in dem Naturpark, grad wird ein Baum zersäbelt, weshalb uns immer der Motorsägen-Lärm begleitet, wie er die Biomasse durchechot.

Mit unseren Tagesspaziergängen nicht ausgelastet, unternahm ich der Gewohnheit folgend vor dem Dîner alleine welche. Mehr laufend als gehend, stürmte ich vor dem Dunkelwerden hämmernden Herzens über die am Walde entlangführenden Wege. Gleichwohl entbehrten sie einer gewissen Trostlosigkeit nicht, denn kaum ein Tier war hier einmal zu sehen, selten Vögel, Säugetiere überhaupt nicht. Den Saint Kevin's Weg hoch oberhalb von Glendalough entlangspazierend, hat man einen prächtigen Blick auf die Klosteranlage und ihren eigenartigen, daraus hervorragenden Rundturm von genau der Größe eines hohen Baumes; daneben der Friedhof mit den Hochkreuzen (auch hier nicht wenige Gräber jung Gestorbener unserer Tage, wie wir es häufig sahen), was überaus malerisch war. Und zwar im eigentlichen Sinne: nämlich eines Ruinen-Bildes mit Wanderer, letzterer, so dem Platze das Seine lassend, wenig mehr als ein Punkt oder eine dunkle Schraffur ...

... Durch die Dublin-Fußgänger-Einkaufsstraße, wo's so langsam voran geht, als wär's 'ne Demonstration (hi, hi, hi, hi, hi, eine Demo), der Typ, der mit den vorgestreckten Krücken Ball spielt und sein breites ausgeschnittenes Lächeln wie Luftballons zu uns herüber fliegen läßt, die Typen in den Gallier-Kostümen, an der Ecke das Einkaufszentrum mit dem Kaufhaus drin, am Woll-Laden vorbei ...

Back side. Die bettelnde Zigeunerin in der *leeren* Straße, Schwälle von Restaurantküchendünsten aus den nach hinten raushängenden Abzugsröhren, ein Fixer schlingert lang ...

Dunmore East
Dorf ganz nach meinem Geschmack, niedlich und aufgeräumt, ein paar riedgedeckte Häuser, ein

Kirchlein auf der roten Steilküste, dazu der uns fortan begleitende, frische Waldgeruch. Beinahe jeden Tag Regen, hörte jedoch nach Frühstück und Leibwäsche gegen zwölf Uhr auf und erfrischte jedes Mal alles; die Bäume schienen das anfallende überschüssige Wasser unentwegt in neue hellgrüne Blätter zu leiten, so daß neben den Eindruck allgemeiner Sukkulenz der eines ewig sich erneuernden Frühlings tritt (im August!).

Das B&B reinlich und commode; reizend in rosa abgestimmtes Zimmer, eine Farbe, die man zu Haus nicht ausstünde, aber unterwegs merkwürdig liebt. Melitta spottete wegen meiner Freude und unterstellte mir *feminine* Züge, freilich protestierte ich, doch wahrscheinlich hatte das schlaue Köpfchen (wieder mal) recht ... pourvu qu'on voie le monde comme elle ...

Sogleich war's, als ob eine Last abgefallen wäre, in diesem Ort gab es fast keine (ernsthaft) fremdländischen Touristen, nur irische und englische – unversehens tritt man in den Kreis der Gewohnheiten. Es nimmt deshalb nicht Wunder, daß wir das Frühstück mit Iren teilten. Bei dieser Gelegenheit konnte man sich wieder von der Gutherzigkeit derselben überzeugen und ihrem Bestreben, jede gestellte Frage, aufrichtig, zu beantworten und nur so viel Interesse zu zeigen, wie sie für taktvoll halten. Diese gleichsam angeborene Umgänglichkeit und Gastfreiheit findet man an verschiedenen Völkern Europas, wenn sie lange unter der harten Hand eines fremden Herrn zu leiden hatten, so hielt den Griechen der Türke, den Polen der Preuße und der Engländer den Iren an der Kandare.

Es geht während solcher Tischgesellschaften angenehm zivilisiert zu – abgesehen von den aufgetragenen Speisen, Schinken und Eier *und* Würstchen und Blutwurst und ...

Melitta und ich hocken dem Hochschul-Lehrer-Paar? aus Irland gegenüber, eine Original-Situation, wir können jetzt (halb) privat! Iren kennen lernen. Mein Gehirn arbeitet auf Hochtouren (Chérie frühstückt eher nur). Ich meine, es geht ja nicht darum, die Konversation am Laufen zu halten, da hätte man reichlich. Es ist einfach *die* Gelegenheit, etwas aus *ihrem* Leben zu erfahren – immerhin, sagt die Soziologie, sind neunzig Prozent der Identität Sozio-Kultur (oder weiß der Teufel wie viel) und zehn Prozent Biologie ... Wir legen mit dem Wetter los und ich bin gut am Ball, „es schifft, ganz schön oft"! ... Dann stockt's (schon). Der Dozent holt uns raus. Mit dem Guinness-Thema. Psychologisch gute Wahl, verbindet Homlander und Tourist. Ich frag, was sie hier machen. Verlängertes Wochenende. Bank Holiday. Und da fahren die also so in ihrem eigenen Land rum, denk ich ... und dann passiert was Irres, der Gesprächsfaden reißt (zwischendurch) völlig ab, und dafür fangen die Dozenten untereinander an, sich was zuzutuscheln wie: „Can I have some tea please" oder „a little bit butter please", „yeah, thank you" usw. und es ist einfach phantastisch, weil, liver geht's nun wirklich gar nicht.

Baltimore

Hier waren wir also zu längerm Aufenthalte in jenem „fernen" Irland angekommen – zwar hatte die neue Zeit völlig ihren Einzug gehalten, aber die alte war eben noch nicht gänzlich entschwunden und mit ihr alles Märchenhafte ...

An unserem Hause in einer Hecke lebte ein Zaunkönig, was ich stets für ein gutes Omen hielt, und es trog auch diesmal nicht.

Eines Abends überkam mich auf einem Spaziergang das Gefühl, endlich das eigentliche Irland vor mir zu haben. Diese *Grille* verspüren, von Rastlosigkeit angetrieben nicht wenige Reisende, bis sie ihr Ziel erreicht zu haben meinen. Es mag eine Sache des Glaubens sein, die *Seele* oder *den* Charakter einer Region auffinden zu wollen ... allein ich kann und will von dieser Idee nicht lassen, zumal ich sie immer wieder bestätigt finde.

Ich machte mich also zu jenem weißgekalkten Steinkonus – dem Beacon – auf, er zeigt dem Schiffer die gefahrvolle Küste an. Das Merkzeichen befindet sich nicht weit hinter dem Dorf, wo Baltimore mit einer hügelhohen Landzunge ins Meer hinauswächst, einem kolossalen Schiffsbug gleichend. Kaum hatte ich das Grasplateau erklommen, empfand ich gleich eine Art Trunkenheit angesichts des famosen, vor mir ausgerollten Prospektes. Rechts der Landzunge, im Westen, versank eben langsam die Sonne als orangeroter Glutball an der kristallblauen, nur am Horizontrand von einem Wolkenkranz umzogenen Himmelskuppel. Auf dieser Seite erstreckte sich auch die labyrinthische Uferlandschaft West-Corks, deren zahllose braune Inseln und Halbinseln wie die Bulte eines Riesenmoores hervorstehen ... Und während hier das Abendlicht den Ernst des Wasser-Landes im Sfumato von Aprikose, Hellviolett und endlich Rauchblau verklärte – breitete sich links des Beacon, unabsehbar, schwer und in herrlichem Stahlblau der Ozean aus. Vor mir, daneben die aufgezogene Mondsichel, wuchsen die Eilande Sherkin und Clear aus dem Meer – ihre Küsten verwandelten die Wogen in Messerbänke, unablässig an den starrenden Schneiden schleifend ...

Wieder im B&B war von dem Spektakel nichts mehr zu ahnen, es steht am seitlichen Rand des Baltimore Harbour, der dort, am Anfang der Landzunge des Beacon, eine Tasche formt; vom Bette aus ein träumerischer Blick auf den seeglatten in Dunkelheit sinkenden Harbour, wo sich im Abendhauch die bunten Segelboote wiegen. Mir wurde bei diesem Bilde immer so wohl ums Herz, auch weil es etwas Unwirkliches hatte, denn die *Stille* war tatsächlich vollkommen; wie sehr man durchs offene Fenster hinauslauschte – *nichts* kam zurück.

Der Schlaf hier wie sonst in Irland fest mit vielen, wirren, Träumen; es bliebe zu ergründen, warum wir uns an einem Orte gänzlich Hypnos überlassen, als wären wir zu Haus ... ähnlich geruhsam waren die sizilischen Nächte ... In jeder Ausfahrt steckt eine Heimkehr.


Vor dem Pub lief in Schleife ein Werbe-Film; die reichen Segler, (die es sich leisten können, sich was zu leisten), stehen vorm Pub um rustikale Tonnen rum, den ganzen Tag, als wären sie grad eben von ihrem Boot runter und haben deshalb so eine Art überbordenden Körperschwung, eine Mordsdynamik, die ihnen verdammt noch mal das Recht gibt, jetzt dieses kühle Helle zu zischen, als Leistungsträger in strahlend-weißen Segelklamotten und die Knacker mit den gerade in Mode befindlichen um die Schultern gelegten lachsfarbenen Pullis.

Im Breakfast-Room ging's gemischter zu; von den EU'lern alle so wenig aus Irland wie die Wirtin, die das Frühstück anstandslos nachmachte.

Von draußen durch das schöne Terrassen-Fenster des ersten Stockwerkes (über das der Regen perlt) – kann man uns sehen, wie wir über dem Sisalboden auf unseren Stühlen sitzen, an Holztischchen, die Kerzen flackern im Dampf des Tees, Mozart durchrieselt den Raum, als wär's ein Schiff; heute unterhält uns ein Grüppchen französischer Analysiermaschinen und zerlegt ... im Datenstrom ... den Namen Baltimore in seine Einzelteile.

Beobachtung: Skribenten erfinden heute kaum noch eigene „Gerichte", sie werden stattdessen *nach*gekocht – Zeitalter der Interpreten.

Nach Cape Clear. Fahrt, es geht im Fährkahn von Baltimore Harbour ab, dauert nur eine dreiviertel Stunde, doch dringt man, sobald die Schären verlassen sind, in die maritime Welt ein. Obgleich bedeckt, war es ein heller Tag mit guter Sicht; das Meer graphitgrau und träge wogte wie eine Art diffundierende Masse ... dort schießen Schwärme perlschwarzer Gryllteisten

45

flach daüber hin und landen entfernt darauf ... vor unserem Kahn sich teilend gleitet eine Gruppe Kormorane hinab. Die Fahrt des Bootes selbst vermehrte noch das Gefühl für die Bewegungen um uns, so stieg von einem der zahllosen Rocks ein Austernfischer auf, zwei Delphinrücken tauchten, gleichsam im Wellenrhythmus, hervor ... Endlich fährt man an der steil und hohen Küste Clear Islands hin, wovor Möwen und Tölpel auf und absegeln und den Kliffs erst zu ihrer wirklichen Größe verhelfen.

Die Neugier hetzte mich (zu Melittas Leid) über diesen baumlosen Hügel, der südlichste bewohnte vor Irland, da hier ein neues Objekt meiner Kollektion einzuverleiben war, nämlich der – Eilande der Inseln. Gleichwohl läßt sich von diesem nicht viel Ungewöhnliches berichten, außer daß dort weiter das Gälische zu hören ist, was sonst kaum mehr der Fall ist. Die Grashänge ziert auch hier die Erica cinerea, deren Blüten auf den sukkulenten Polstern in einem giftig-prächtigen Jod-Violett aufbrennen und das selbst die Dämmerung nicht leicht auszutreten vermag. Überhaupt scheint Irland einen Zauber über seine Blumen zu wirken, denn Hortensien wie die vor den steingrauen Cottages in Baltimore habe ich nie zuvor und hernach wieder gesehen: von Scharlachrot bis Tintenblau meint man jeden Augenblick, ihre Farbe muß gleich herabtropfen ...


Glengarriff
Luxus-Hotel von damals, grundüberholt, wo sehr oft Schriftsteller waren, Liste neben dem schnellen sprechenden Fahrstuhl.

Wackeln dem Guide entsprechend zum ... äh ... Poulgorm an der Bucht für den Rundweg. Mir kommt es vor wie ein Adventure-Park aus Styropor und Lebendmaterialien. Bucht ist andererseits auch wie ein Drei-D-Bild, man kommt nie wirklich rein. Wieder im Hotel oben; auf dem Parkplatz ein Touri-Pärchen, sie macht sich die Haare nach hinten und zwängt ihren Kopf in die marshmallow-blauen Hortensien. Eine verfickte Elfe oder so was! Er nimmts mit der Foto-Digi auf (bis es sitzt). Sie wird es ihren blöden Freunden zeigen oder sich auf einen Desktop ziehen.

Los geht's! Krabbeln in das Ausflugsboot, eine Badewanne mit Klarsichtplane drüber; steuern vom Anleger aus ins Attraktions-Park-Laby, Wasserfall, Inseln mit Tang außen rum, Vogel auf langen Beinen, und umkreisen in der Hauptwasserfläche, ganz langsam, rauskuckende Brocken, weil da – Robben draufliegen. Graue und gelbe. Einmal hebt eine den Schwanz hoch und zeigt ihren Hintern. Wir hatten alle Zeit der Welt, sie durchzuzählen. Es waren, glaube ich, zwölf. „Die können den Verkehr gut ab, jede halbe Stunde ein  Boot", sag ich zu Chérie, darauf sie, „die werden bestimmt gefüttert". Die Antwort paßte wie die Faust auf's Auge. Ende. Es gibt Dinge, die gehören einfach zusammen.

*Garinish Island*

Insel wurde unter hohen Aufwendungen von einem Nordiren in einen Garten umgewandelt. Tresor desselben, einer im italienischen Stile; Not oder

„Erfindung" ließen den Erschaffer zu Spolien greifen, doch sind sie nicht bloß armselig, sondern stammen überdies aus verschiedenen Weltgegenden, so lagen zwei chinesische Löwen am Eingang, (die in die falsche Richtung sehen). Man ist damit begreiflicherweise schnell am Ende und ergeht sich darauf in einer Art Urwald, dem größeren Rest, denn der Planer hat es nicht an fremdländischen Hölzern fehlen lassen. Das Unternehmen ist reichlich mißlungen, und der Besuch lohnte nur – hier aber vorzüglich – wegen der reizvollen Perspektiven auf die anderen Teile des verwunschenen Schärengartens.

Heimweg über die Tankstelle, den leuchtenden Kubus an der Straße vor der Bucht (ein paar Schritte vom Traum-Hotel entfernt), zum Minishopping. Im Drehständer, wie überall hier, kolorierte Retro-Postkarten Glengarriffs. Werden verschickt! Haben Künstler-Touch und zeugen in ihrem Reklame-Akademikertum „verspielt authentisch vom romantisch-ironischen Verständnis des Versenders, das er komplizenhaft im Empfänger voraussetzt."

Hauptstraße gräßlich, Hotels, Pubs und Souvenirläden wechseln sich hintereinander ab, von einem *Dorf*, wie in den Beschreibungen, kann keine Rede mehr sein. Für die Gegenwart hält man besser das Wort *Ort* vor – jede Zeit hat ihren Genius Loci.

Das Hotel, in dem (Reise-) Busladungen Rentner abgeladen werden, ist saisonal, die (Linien-) Busverbindung ins Dorf ist es auch, und deshalb muß ich beim Abendsnack im Zimmer noch mal auf das Thema mit den Robben zurückkommen, ich glaub, wir saßen da doch einem Denkfehler auf, ich rechne vor:

„Das sind also mindestens vier, fünf Typen, die die Boote steuern – wie sollen die davon den ganzen Robben-Fisch bezahlen?"

„Ich glaube aber trotzdem, daß sie gefüttert werden."

„Die fressen vierzig Fische am Tag!"

„Vierzig !?!"

„Oder dreißig – und davon müssen sie die Typen bezahlen und den Treibstoff …"

„Ich glaube, daß sie bestimmt *einen* Fisch bekommen; die Fahrt kostet zehn Euro, was meinst du, wie viel die da einnehmen!"

„In der Saison! – Juni, Juli, August, und Pumpe. Sonst ist tote Hose."

„Meinst Du?"

„Naja, vielleicht kommen zwischendurch ein paar Rucksacktouristen, nur mit denen verdienen sie doch nichts."


Der erste Tag (es hätte die Reise unvollständig gelassen) mit Dauerregen; abends, als sich die Wolkendecke ihren Regen für einen anderen Tag aufsparte, hinter dem Hotel einen Fahrweg hinan. Derselbe führte mich an vereinzelten Häusern vorbei immer weiter hinauf und schließlich bis fast auf die Höhe hinter Glengarriff. Nunmehr von Wiesen umgeben – und zwischenzeitlich in Wolkenschwaden stehend – genoß ich das großartige Panorama der

Bantry Bay: ein Archipelago grüner Inselchen am Saume waldiger Ufer. Der Anblick war schön und wundersam zugleich. Die Wäldchen auf den Eilanden hatten ja ein ganz verschiedenes Ansehen – tasmanische Baumfarne, Myrtenbäume und Rhododendron umschlangen sich hier. Selbst noch die angestammten Kiefern ragten wie die asiatischen in breiten Fächern auf ... Unter den lauen Seewinden nahm sich die Bay wie ein natürliches Treibhaus aus. Allein das Bild machte den Glücklichen nicht traurig, und den Traurigen nicht recht froh, denn dem zügellosen Wachsen (der Exoten) haftete zuletzt eine Sinnlosigkeit an. ... ... Ich schweifte ab, und vor meinem inneren Auge wogte plötzlich das Grün von bestellten Feldern und Plantagen, aus der Ferne empfingen den Fremden aromatische Düfte, ihm Wohlstand und Zufriedenheit verkündend. Solcherart das aufgestiegene Porträt, hoffend, künftige Generationen gingen einmal mit mehr Geschick als die jetzigen daran, es umzusetzen ...

... Es ist eine Bio-Farm, auf der man so weit wie irgend möglich zu konventionellen Ackergeräten zurückgekehrt ist und auch sonst alles macht wie früher, abgesehen von einem ausgefeilten Kontrollsystem für Produktion und Hygiene. In Glengarriff selbst unterhält die Kollektive eine Vielzahl Geschäfte, wo Marmelade verkauft wird; dort sind die Fußböden abgeschliffen, die Bedienung trägt „alte" Schürzen und in den Auslagen liegen *gediegene* Konserven, ansprechend neotraditionell.

Abends Fernsehapparat an; ein Mob zieht brennend und plündernd durch London ... Sind Zehn-Millionen Städte eigentlich beherrschbar? Düstere Bilder wie man sie vom Kriege kennt. Jeder schafft sich Recht. Allerorten die Investigativen. So einer mit Fahrrad*helm* ausgerüstet zwischen Hundestaffel und abgedrängtem Pöbel; vom Letzteren werden Obszönitäten herübergerufen – wofür sich der Reporter beim Fernseh-Publikum entschuldigt. Genießt Narrenstatus, bis es einer Seite zu bunt wird.

Nahmen heute, unter strömendem Regen, Abschied und fahren über Killarney wieder Dublin zu.

„Play it again" schnarrt Tomy, „play it again" antwortet Peter, der schweineköpfige Busfahrer, und der dünne Alte näselt ein englisches Lied los … Es ist eine Charakter-Type. Und die sitzt mit uns im Bus. Was für ein Glück, daß wir die auch noch mitnehmen. Tomy fragt uns, ob wir Iren sind, „nein aus P …", „under the brigde of Paris will the dreams come true …", Peter grunzt und federt auf seinem Bock.

Tomy ist eine Repräsentation seiner selbst. Als Topos der TV-Reise-Reportage hat er mediale Legitimität. Im realen Kontext werden solche Individuen deshalb sofort als die entsprechenden Topoi *erkannt*, wobei sie aus ihren originären Bindungen herausgelöst werden und *reale* Klischees darstellen. Das bedeutet aber nicht, daß sie sich spielen. Der Horizont, vor dem sie agieren (der Blue-Screen des Moderators) *macht* sie zu Akteuren.

Die Landschaft wird irre, schiefe Karst-Hochebenen, Nichts, Schafe, eine absolut einsame Souvenirbude – im Niemandsland.

Im Zuge.

Grad ist Chérie in den Speisewagen rüber, da gleit ich in eine Art Electro-Video – – – die Kamera bleibt für Sekundenbruchteile auf der tiefgekühlten Mutter und zoomt von ihr zur Kelten-Tusse (mit dem Kindfrau-Gesicht), die eben das gelbe Heft wegschiebt, um ihr pinkfarbenes Handy zu checken – – – es ist eine Atmosphäre des lässigen Zeitvertreibs – – – alles ist etwas bläulich durch die getönten Scheiben innen und wie elektrisiert draußen, wohin jetzt die Kamera wechselt – – – aber man sieht nicht die Scheibe, nur die aufgeladene Natur eine Weile soft an uns vorbeiziehend, dann gibt es einen optischen Trick, als ob das Bild kurz hakt, es wird einen Moment unscharf, zieht sich wieder klar – – – und vor prallschönen Bäumen hinter einer Wiese dehnt sich supernah ein kleiner Regenbogen. Es ist lustig, er begleitet den Zug hüpfend und färbt die Baumkronen filtermäßig elektrogelb und -orange, während alles drumrum normal grün bleibt. Als würde er sich einen Spaß daraus machen. Wo er ist, wird die Welt bunt. Dann kucken auch die Keltinnen drauf, dann zu mir und wir lachen, denn unsere Herzen sind jetzt verbunden, im Rainbows End.

# 21

## Madeira

(Juli/ August)

## Funchal

Der erste Frangipani – die Blüten des kahlen Baumes wie feurige Windräder. Ausblick auf Funchal im Frühdunst: ein Zehntel Stadtkern, das Übrige sich in die Höhe ziehende Siedlungen, ersteres aus grauem Vulkanstein. Jardim Botanico und Jardim Tropical, warum Gärten, die das Angenehme mit dem Belehrenden verbinden vorzuziehen sind. Riesenbäume.

Paris. Der Blick wandert vom Aluschalensitz aus hin und her zwischen der Parfümerie, wo grad ein Retrotyp Mitte Zwanzig, überlanger Scheitel, Koteletten, siebziger Jahre Look mit seiner Freundin (ihr Look ist aktuell, easy/

tough) reinschaut, dem landmäßig aussehenden Mitdreißiger aus Portugal im Sitz vor uns – bei dem ich mich frag, ob die dann alle so aussehen werden – und der Panoramascheibe der Wartehalle, hinter der die Jets landen und aufsteigen, und wo unsere Maschine immer noch nicht angerollt ist, und die, da sie also unpünktlich aus Madeira ankommt, auch mit Verspätung losfliegen wird …

Vier Stunden später brettert unsere SATA fahrig und nach den Seiten schwankend im Dunkeln auf die Landepiste zu, setzt sportiv auf und im selben Moment klatschen und jubeln lauter französische Madeirarezidivisten, und ich denke, es ist eine Billig-Insel, wir haben uns vergriffen. Kaum davon Notiz nimmt das blonde (vermutlich falsch) Mädchen neben meiner Frau (daneben ich) mit den aufgeworfenen Lippen und der etwas derben Nase, die jetzt langsam ihre nackten Beine wieder vom Sitz herabläßt und die Füße in die Flip Flops schiebt; für mich ist sie eine Engländerin, die sich aushalten läßt (ich seh sie am Pool mit einem Getränk, und im Bett mit dem Alten). Meine Frau meint, auf dem Weg zum Gepäckband, wo ich das Thema wieder aufgreife, sie ist wohl aus Madeira, und hat wahrscheinlich Recht. Aber sie hat mit der portugiesischen Stewardess Englisch gesprochen, gebe ich zu bedenken … Chérie weiß jetzt auch nicht weiter, doch für mich ist die Sache klar. Sie hat kaum Gepäck und schläft die ganze Zeit – sie ist einfach nach Hause geflogen und schämt sich unter den Touristen ihrer Herkunft.

Aus der Eingangshalle tretend, sehen wir den Retromann mit seiner Freundin wieder und teilen mit ihnen ein Taxi von Santa Cruz zur Hauptstadt Funchal. Sie denken, wegen meines Akzents, ich bin Belgier (Franzosen verachten Belgier); als ich sage, daß ich Deutscher bin, sagt der Retromann: „Ich bin zwischen den beiden, Lothringen"; auch eine Art Retrogeste, sie stammt aus dem Elsaß. Das Taxi setzt uns vor unserem Hostel im Kolonialstil ab (der Typ gibt mir beim Scheinetauschen fast mehr raus, als ich hingegeben habe) und das Pärchen fährt noch ein Stück weiter zum Hotel Four Views Baia, ein Lounge-Hochhaus mit Terrasse und Pool auf halber Höhe, dessen Wellen sich in den meergrünen Turmscheiben spiegeln.

Am nächsten Morgen im Museo de Arte Sacra – uns die Niederländer zu besehen – eine merkwürdige Szene. Zunächst allein durch die Enfiladen spazierend und uns an den (hier merkwürdig genug befindlichen) Niederländern erfreuend, tauchte erst eine Gruppe Pfadfinder mit Wimpelstock auf, die, als wären sie auf der Schnitzeljagd, die Bilder *abzusuchen* schienen (kann man sich eine größere Wirkung der Kunst denken, als in den Werken wie in einer echten Landschaft zu lesen!) und schließlich noch ein Priester. Dieser wendete, verbotenerweise, ein freistehendes, doch der Wand nahes Gemälde um, und zum Vorschein kam – für den kurzen Augenblick, bevor eine Wächterin herzueilte, die Unternehmung unterbindend – ein gräßlich zerstörtes, gespenstisch angeschwärztes Gemälde, von dessen einstigem Motiv lediglich ein überaus lieblicher Frauenkopf mit goldenem Haar und ein zur selben Person gehöriger Arm übrig geblieben war. Eine Restaurierung war hier freilich nicht mehr denkenbar ...

Die Tüten knistern auf dem Hostel-Alutisch der Gemeinschaftsküche, als wir unsere Nachmittagssnacks vom tennisplatzgroßen Supermarkt auf den Tisch legen: in Wellen ausgelegter abgepackter Parmaschinken, Minibutter, eingeschweißter Gouda, ofenfrische Brötchen, Pfirsiche, Party-Tomaten. Mal ess ich eine Hälfte mit Käse, dann mit Schinken, dazu eine Party-Tomate, schieb sie in den Mund, sie zerplatzt und zugleich explodiert noch was im Kopf – ihr Aroma. In dem Moment geb ich mich einfach nur diesem ... Gefühl hin, das ich erst später in Paris in Worte fassen konnte, als ich meiner Frau einen Vortrag hielt:

„Weißt du, Aroma, das kann eine Tomate sein – es kann aber auch sein, daß sie gar keins hat, ist sogar fast immer der Fall jetzt – eine Nektarine oder sonst was ... Wein!, das Bouquet, das ist ja praktisch das Aroma beim Wein.

Im Grunde ist Aroma ein – Stimulans! Und zwar von Synästhesien!

DU WILLST EINE SYNÄSTHESIE, ISS WAS AROMATISCHES!"

„Ah!?!"

„Du trinkst ein Glas Wein, und der Geschmack, was damit eigentlich gar nichts zu tun hat, läßt einen Raum entstehen, bestimmte Farben … du ißt eine Frucht und es wird plötzlich haptisch! nutella und Cola dagegen haben nicht dieses synästhetische Aroma, sie haben einfach einen starken Geruch. Ihre Besonderheit besteht darin, daß sie *süchtig* machen. Daß dem so ist, liegt nicht nur an ihren chemischen Komponenten –"

„Geheim!"

„Ja, genau, geheimen chemischen Komponenten, sondern auch an ihrer *Verlarvtheit*. Weder Cola noch nutella lassen sich konkret zuordnen, wie etwa Citrusbrause oder eine Tafel Schokolade, diese läßt an Zitronen denken, selbst wenn das Aroma synthetisch ist, jene an Kakaopulver. Cola· nutella stehen nur für Cola/ nutella und sind damit zugleich *an- und ab*wesend. Das Abwesende selbst, nämlich der fehlende Bezug, die ausgedehnte Negation machen die eigentliche Identität von Cola/ nutella aus; also zunächst einmal der flächendeckende Ausschluß allen realen (*phänomenalen*) und gedachten Seins. Da das Nichts aber nur an der Börse verkäuflich ist, bedurfte es einer minimalen Wesenheit, die sich (neben Zucker) indes so amorph wie möglich manifestiert, nämlich in der Farbe Braun, die wie Grau eher ein Fehlen von Farbe evoziert. Glück ist die Abwesenheit allen Leidens – das Nichts; auch der schönste Traum läßt sich in sein Gegenteil verkehren, die schöne Frucht, auf der sich eine Schmeißfliege niederläßt."

Was übrig bleibt, wieder in die Supermarkttüten, die wir mit Name und Zimmernummer beschriften und im Kühlschrank deponieren, wo auch die anderen Touristen ihre Einkäufe haben, und die alle in der Wohnkücke rumklappern ohne „Hallo" zu sagen und ganz leise miteinander sprechen.

Beobachtung: in den südlichen europäischen Ländern gibt es immer noch den Typus, wenn ich diesen versteinerten Ausdruck verwenden darf, des Seniors; er zieht sich eine gebügelte Tuchhose an, trägt ein gutes Hemd, glänzende Lederschuhe und schreitet so, würdevoll, durch die Straßen. Solche Leute legen noch auf Ehre wert, und man muß sagen, es ist immer angenehm, mit ihnen zu sprechen, sie wahren stets eine gewisse Distanz zum Gegenüber, bringen ihm aber gleichzeitig große Höflichkeit entgegen, wenn sie nach irgend etwas gefragt werden – und man stelle sich das Duo vor, wie da der Tourist in Badelatschen und Shorts (in Palmenländern sind sie bei Männern fast ausschließlich geworden) dem Senior eine Frage stellt.

Zweiter Tag, Tropengarten. Grundgefühl: neu, aber nicht gerade superneu. Urwald mit einem … äh … Loch in der Mitte; an den Wegen *Tropen*gras –? Pausieren in der Cafeteria, bequeme Alustühle mit feinmaschiger Gummibespannung, im Hintergrund 80er Jahre Musik.

Am Nebentisch ein stämmiges Pärchen, Deutsche oder Holländer Anfang Zwanzig, sie spielen Karten, trinken Bier und wippen nicht zur Musik. Wir sprechen über den Mietwagen, den wir morgen besorgen wollen, Klimaanlage sollte dabei sein …

Starten, Klimaanlage rauf und die Estrada Monumental runter, wo die ganzen Clubs und Hotels mit Meerblick aufgereiht sind. Hinter der Stadt fängt dann das Gesellschaftsspiel an, eine Hügellandschaft am Meer (Photovoltaikplatten), kleine weiße Häuser mit vierseitigen Dächern (Plastik aus Raps-Öl). Die Illusion ist perfekt, es gibt auf dem Brett (aus nachhaltiger Holzwirtschaft) wirklich keine leere oder unlogische Stelle: Es sind Bäume aufgesteckt, der Verkehr auf den alten Landstraßen ist ausgedünnt, dafür herrscht auf den Autobahnen reges Treiben, und in die Felswand einer Kurve ist ein riesiger Betonrohbau eingeklebt, unfertig wie das Haus war, machte es die Szene noch realistischer. Beim Spielen des Das-Ichfahrinurlaubspiels überkommt mich eine metaphysische Idee:

Spielt man das Spiel zum ersten Mal, ist es, als ob ein einsamer Komet im dunklen Universum seine Bahn zieht. Da ist ein kleiner heller Ausgangspunkt (Flugplatz oder Hotel), von wo aus eine dünne helle Linie ausgeht (die Reiseroute). Rechts und links davon ist alles schwarz, zappenduster. Man kennt es nicht. Interessiert mich auch nicht. Man hat es nie gesehen, als würde es das gar nicht geben. Die Terra incognita. Die Kenntnis reicht nur so weit, wie die Linie geht. Es ist ein fast schauriges, aber erhebendes Gefühl. Ein Schwebebalkengefühl. Erst wenn die Bahn knotig und krisselig wird, weil man immer wieder die gleichen Punkte durchschneidet … Hoppla, auf dem „Land" wird's dann plötzlich kniffelig, weil auf dem Plan des Spiels Straßen sind, die es im Modell nicht gibt. Irgendwann kommen wir aber doch in dem strategisch wichtigen Ribeira Brava an, eine verkehrsmodellhafte Meisterleistung: Um das Städtchen rum, in einer Vertiefung mit Kirche, geht rechteckig das Asphaltband, dahinter, rechts und links, Tunnel, die über einen Kreisverkehr erreichbar sind. Ein Punkt für die Spielemacher, wir verfahren uns. In der *Apotheke* dürfen aber Auskünfte eingeholt werden: You don't take the Tunnel, vermeldet die Apothekerinnen-Figur. Als wir um den Kreisverkehr gekurvt sind (einmal zu viel!), surrt unser Kleinwagen ruhig über die richtige Straße, so daß ich Zeit habe, einen Blick auf die flippigen Karteikarten zu werfen, die so viel Wissenswertes zu Madeira enthalten. Und lese laut vor, von der „Wetter"-Karte: „Das Wetter ist cool, Sonne, Sonne, Sonne – Pflanzen, Pflanzen Pflanzen. Denn trotz seines hohen Verkehrsaufkommens hat Madeira immer noch eine positive Klimabilanz. Warum? Weil die Insel fertil ist und aus jedem Zipfel Erde das Maximale an Biomasse rausholt. Allein das Ersetzen abgefallener Blätter durch die fleißigen teilungsoffensiven Zellen (MITOSE), wo zwei Schwester-Chromatiden (das replizierte Chromosom!) eingespannt in Kinetochor-Mikrotubuli-Spindelfasern (die gebündelten Proteinfilamente), getrennt und schließlich auf zwei neue Kerne verteilt werden – hat einen spürbaren Effekt (!)"

Nach Ribeira Brava fahren wir, meine Frau steuert, ich drehe den Spieleplan, in ein grünes Felsental. Da es nahezu keine Abzweigungen bis zum Zielort Pousada dos Vinhaticos gibt, wurde ein Schwierigkeitsgrad eingebaut. Die Fahrbahn war von einer Schlammlawine weggerissen worden, so daß der Weg ein gutes Stück über planierten Staub führt, umherstehende Baufahrzeuge und Straßenarbeiter erschweren die Orientierung. – Man merkt auch hier (wieder), daß es sich um ein Lern-Spiel handelt, die Bauarbeitermännchen in Signaljacken sind nämlich alle *alt*. Über Näheres klärt die Karteikarte „Abwanderung und Touristikberufe" auf, die ich mir vornehme, aber da rutscht mir die Karte „Gesetzliche Feiertage/ Patronatsfeste" entgegen, und ich schau gleich mal, ob da Stau ist oder wir was verpaßt haben oder so was:

„1.Januar, Neujahr

25. April, Tag der Nelkenrevolution

1. Mai, Tag der Arbeit

10. Juni, Portugal- und Carmões-Tag

1. Juli, Tag der Entdeckung

15. August, Mariä Himmelfahrt

5. Oktober, Tag der Republik

1. November, Allerheiligen

8. Dezember, Unbefleckte Empfängnis

25./ 26. Dezember, Weihnachten

Januar – Santo Amaro in Santa Cruz; Mai/ Juni – Espirito Santo in Camacha; Juni – Santo António in Santo da Serra, São Jão, São Pedro ... "Hier lang?", (fragt plötzlich meine Frau), "äh, ja" sag ich und wir biegen, schon superhoch, links ab, in eine Sackgasse und stoppen. „Frag mal die ältere Dame da am Fenster, ob wir hier richtig sind." „Die spricht doch gar nichts!", sag ich, steig aber trotzdem aus, weil vor uns ein Miet-Golf gehalten hat, und jetzt eine kleine Spanierin (glatte dunkle Haare, braune Augen) umhersucht. „We're looking for the Poussada dos Vinhaticos – ." „Oh we're too", sagt sie und wir scherzen ein bißchen, weil wir nicht wissen, wo wir sind. In der Poussada (wir fuhren dem Freund hinterher, der sich von der Oma die Wegbeschreibung geholt hat) setzen wir den Talk fort und sie erzählt, daß sie hier nur Tagesstation machen, dann Wandern und anschließend auf die Nachbarinsel weiter zum Beach.

# Das Tal der Ribeira da Serra de Agua

Das Gästebuch, dramatische Nachrichten daselbst *und* überschwänglicher Dank. Französischsprachiger Kellner. Halb oder Vollpension? Im Dorf Serra de Agua. Die rauchzarten Nuancen des Madeirabuchfinken-Gefieders. Wie jemandem die Strafe des Sisyphos auferlegt ist (und sie mit Bravour meistert).

Pousada dos Vinhaticos. Nach der Autofahrt relaxen wir erstmal im Resto der Pension, Sandwich mit Cola für meine Frau, für mich mit Tee. Da wir wandern wollen – direkter Einstieg in die Wanderpfade durch Anfahrt mit dem Mietwagen – fragen wir die Kellnerin, mager, mittleren Alters, nach dem Wetter. Beim Thema, kommt sie auf Schlammlawinen zu sprechen, die ich im Februar im Fernsehen gesehen habe.

Ich lasse das alles an mir abgleiten, was sie da von ihrem Haus in irgendeinem Tal runtererzählt, in dem sie vom Wasser eines Dauerregens eingekreist wurde, und denk nur, oh nein, jetzt nicht die Nummer, als sie dem Weinen nahe ist. Aber sie fängt sich, und die Geschichte ist zu Ende, und ich sag, in die Pause: „strange". Meine Frau korrigiert mich ein bißchen vorwurfsvoll und sagt einfühlsam: „horrible", und ich sag dann auch „horrible". Dem Imbiß folgt ein Ruhestündchen im Zimmer.

Vom Gasthof im Hauptgebäude, an der Landstraße, steigt eine steinerne Treppe zu einem gärtnerisch umwachsenen Plattenweg hinab, welcher zu den in einem länglichen Blockhause untergebrachten Zimmern führt. Dieselben, von der Straße wie ein Seitenarm in die Landschaft gelegt, schenken die köstlichste Aussicht. Das Tal, das sich vor und unter unserer Wohnung zeigte, war von solcher Ausdehnung und Klüftung, daß es gleichsam mehrere in einem zu vereinigen schien. Von besonderem Reiz waren dabei einzelne Bergvorsprünge, gestaffelten Lamellen gleich von den Seiten ins Tal ragend, wodurch dem Pospekt eine außergewöhnliche plastische Tiefe zukam. Mal krönten solche Steilhänge wenige windschiefe Kiefern, mal Wald, alle aber waren, (noch bis in die steilste Höhe) durch Terrassenfelder[1] urbar gemacht, deren hellgrüne und gelbe Quadrate die Landschaft malerisch belebten – more Patriarchorom. Hier sah man auch die einfachsten Levadas als schmale, kaum im Grase auszumachende gurgelnde Rinnen Äcker und Gärten umzirkeln. Das über die geneigte Ebene geleitete Wasser durchfeuchtet hinlänglich den Boden, wo aber noch mehr von demselben benötigt wird, wird es, wie ich es eine Alte tun sah, einfach abgeschöpft und über die zu tränkenden Pflanzen gegossen, in der

---

[1] Mehr nach den Küsten zu, sieht man auch Terrassen mit (Zwerg-) Bananen und Wein; über des Stöcken der letzteren sind Gitter befestigt, welche die vortrefflich der Sonne exponierten Rankenblätter wie ein Mattengewebe überwuchern, so daß die Stufen darunter verschwinden und statt dessen grüne Wellen die Hänge hinablaufen.

Hauptsache Gemüse; der weitaus größere Teil der Flächen dient jedoch als Almen, neben welchen sich oft winzige Häuschen befinden, die dem Vieh als Stallung herhalten müssen.

Man wird sich leicht denken können, daß ein solcher Blick aus dem Fenster, so oft wir ihn taten, uns ebenso oft mit Wohlgefühl erfüllte, nicht zuletzt, da sich zur Aussicht noch das Rauschen eines Baches gesellte. Dieses war indessen unterschiedlich stark zu vernehmen, je nach dem mit wieviel Regen (unbemerkt in einem entfernten Inselteil niedergehend) das Gewässer gespeist wurde, was uns seine potentielle Gewalt in Erinnerung rief; zumal es im Moment in einem Bett rieselte, das um ein Vielfaches breiter und von ungeheuren, rundgeschliffenen, nur am Fuß benetzten Felsbrocken gefüllt war.

Ein paar leichte Spaziergänge sollten für heute genügen; hernach das Abendessen im Gasthof. Die Kost ist kräftigend, typisch in Berggegenden, aber auch etwas ungewöhnlich, so servierte man mir ein Spinathuhn gefüllt mit Garnelen. Obgleich exquisit gedacht, war die Mischung nicht wenig contradictoire, da sich Geflügel und Meeresfrüchte gemeinhin ausschließen. Den Tag beschließt ein nur zu passendes Bild des Schlummers: Das Licht löschend und zum Fenster hinübersehend, wo sich die ins Dunkel gehüllten Massive abzeichnen, kriecht gerade eine Wolke über den Bergrand und sinkt, langsam wie eine Meduse, in unser Tal hinab, als suche sie einen Schlafplatz für die Nacht.

Nach dem Inklusiv-Frühstück mit Holländern, Franzosen und Deutschen im Panoramarestaurant, schlängeln wir uns im Wagen hinauf, bis das Tal zu Ende ist und wir auf einem Paß parken. Gleich über die Straße geht eine Betontreppe an einem Felssockel hoch und wir folgen dem „Folhadal"-Pfad nach links entlang der in Beton eingefaßten Levada. Am Rand hat die Requisite Liebesblumen, hellblau und weiß, festgesteckt, ich trage das hellblauweiß gestreifte Hemd, das aus einem besonders leichten Cotton gemacht ist, in dem einem nie zu warm wird, meine Frau hat den grünen Strohhut auf. Wir machen ein paar Photos von uns. Nach dreißig Minuten ist der Weg, nur selten treffen wir mal Holländer und Deutsche, *gesperrt* – Schlammlawinenbauarbeiten! Aber kein Problem, der Spaziergang war so lieblich, daß der Rückweg genau so schön ist, macht außerdem insgesamt schon eine Stunde Levadawanderung. Kleine Stärkung danach in der Paß-Cafeteria – funktioniert nicht, weil sie keine Sandwiches haben. Ok, aber schon Mist. Fahren wir die zwei Minuten rüber zum Paß-Souvenierladen (daneben Plattform mit Aussicht auf beide Meerseiten); in dem ganzen Krimskrams stehen zwei Tonnen als Tische, für unsere Sandwiches.

Um noch mehr Levadawanderung in den Tag zu kriegen, fahren wir nach Rabaçal über die Paßstraße auf Karstgelände. In Rabaçal (ausgedehntes Waldschluchtgelände mit Wasserfall als Zielpunkt)

Umstieg in Minishuttlebus. Am „Forsthaus" der Wegweiser Levada do Risco.

Das alles schien mir recht wunderbar; wie ich überhaupt, mit dem makaronesischen, gänzlich neuen Boden betrat. Dichte Wälder völlig anderer Art, welche nicht nur die Täler ausfüllen (wo sie nicht bebaut sind), sondern auch die sie bildenden Berge zu voller Höhe mit ihrem lichten Grün umkleiden, wurden wir nicht müde zu durchstreifen, da sie uns fortwährend Unbekanntes vorlegten. Wie es allein schon sonderbar ist, das versponnene Blätterdach verschiedener Spezies von Lorbeerbäumen mit ihren zierlichen, lanzettlichen Blättern über sich zu sehen (prävalent Laurus azorica, Appollonias barbujana), sind doch kaum weniger von Interesse die im Halbschatten darunter befindlichen Kräuter und das Geäst bewohnenden Tiere. Die bei uns heimische Gänsedistel etwa zeigt auf Madeira Gigantismus und hat deshalb ein tropenartiges Ansehen. Auch ein endemischer Storchschnabel wächst hier zu stattlicher Größe heran, welche sonst nur dem Züchter glückt. Häufig bemerkt wurde die Zahmheit verschiedener Tiere, was wir bestätigen (besonders Fringilla coelebs madeirensis und Teira dugesii).

Was indes als das Merkwürdigste der madeirischen Natur gelten darf, ist deren Kapazität, fremdländischen Gewächsen Raum und Fortkommen zu verschaffen. So gleicht die Insel einem idealen Staate, in dem jede Spezies (so sie in dem Klima Fuß fassen kann) alsobald ihren Platz besetzt und nach ihrem Vermögen dem Ganzen (Gemeinwohl) von Nutzen ist, sei sie aus Asien (Girlandenblume),

67

Südamerika (Avocadobaum), Australien (Kauritanne), Südafrika (Agapanthus), also aus allen Erdteilen herstammend, zur Zierde oder dem direkten Lebensbedürfnisse dienend. Nur ein beschränkter Geist würde sich statt dieses Wunders der Vermischung und Vermehrung, wie es durch menschliches Wirken entstand, und welche erstere keine Natur mehr zu trennen vermöchte, den Urzustand herbeisehnen.

Down vom gestrigen Tag und seinen Wechselfällen (Reifenpanne und nerviger Rückweg übers Ribeira Brava-Modell), bleiben wir den folgenden am Ort, wie überhaupt, wozu in die Ferne schweifen …

Auf der Terrasse mit Superblick ließen wir uns von der Sonne grillen, bis es meiner Frau zu langweilig wurde.

Sie sagt: „Ich setze mich jetzt so lange ans Geländer, bis sie mir (Eidechsen) aus der Hand fressen."

„Die Geduld hast du nicht, das kann dauern", sag ich, aber geb ihr was von den Milchbrötchen.

Nach 'ner Weile ruft sie: „Hi, eine hat mich in den Finger gebissen."

„Ach Quark, du mußt die Stückchen nur richtig hinhalten." Ich steh auf und probier's auch, kommt eine auf dem Geländer auf meine Hand zu, stoppt, tut kurz desinteressiert (wedelt aber mit dem Schwanz), und krabbelt dann direkt zu meinem Finger und beißt rein, „oh Mann, die beißen ja wirklich."

„Bei dir auch?"

„Also entweder können die die Nahrung nicht vom Finger unterscheiden oder sie wollen beißen. Näher als daß sie uns beißen, können wir ihnen nicht kommen!", sag ich und zoom mich beim Anlocken mit dem Oberkörper so weit wie möglich ran, um ganz genau ihre *Zeichnung* zu studieren, denn ich will hinterher was drüber schreiben, irgendwie so was im magisch-realistischen Stil und fang schon (für mich) 'n bißchen an rumzuformulieren: „Die Rücken der Tiere haben die Farben von Kupferdächern, von neuen, goldglänzenden bis, dabei alle Stufen der Oxidation zeigend, zum Grünspanton der Patina." Sie sind auch noch schwarz getüpfelt, was überhaupt nicht zu den Kupferdächern paßt. Ich denk an Rußflecken, aber wo sollen die herkommen, heizt ja kaum noch jemand mit Kohle.

Vom Hocken schlapp, hauen wir uns wieder in die superkomfortablen englischen Korbsessel mit Rückenkissen und schnippen die Krümel auf die Terrakottafliesen. Vom Geländer, vom Blockhaus kommen sie in Scharen runter und wimmeln nur so rum, und ich schau in aller Ruhe zu, was sie so machen und erkenn irgendwann, daß da lauter codierte Gesten und Bewegungen (*Ethologie*) ablaufen; ich kann sie zwar nicht präzise verstehen, aber *deutlich* unterscheiden. Dreht sich einmal eine im Lauf um und hebt ein Vorderbein, hab ich einen Flash von so einem Naturforscherkunstdruck, wo genau so eine Stellung drauf ist. Vielleicht irgendwas semiotisches oder ein typischer Bewegungsablauf …

Je länger ich hinkuck, wird mir immer schwurbeliger, alles außerhalb des Terrakottabodens blendet sich aus, und ich seh nur noch das Gewimmel von räuberischen Schuppenechsen, alles ist plötzlich wie in 3-D, wo einen irgendwas anfliegt, und die *Beobachtung* geht langsam in eine leichte Paranoia über: Komme ich je wieder aus diesem wimmeligen Tierleben raus?

Ins Zimmer zurückgekehrt lenkte ich meinen Geist auf rationalere Gegenstände; auf dem Bett ausgestreckt, begann ich die goldbraunen lackierten Stämme zu zählen, die die Wände des Zimmers, und ich glaube auch der Decke, ausmachten, denn ich wollte wissen, wie viele Bäume dafür abgeholzt wurden, aber gab es, schnell ermüdend, bald auf, es mußte wohl ein kleiner Wald gewesen sein.

Meine Frau, auch auf dem Bett, ist in ein Taschenbuch vertieft, auf dessen Cover ein Teufel abgebildet ist. Ich kann im Grunde auf Reisen gar keine Bücher lesen, nur Magazine, entweder das Wetter ist zu gut, und ich nehme das Ganze nicht ernst genug, oder das Buch, das in irgendeiner Schlechtwetterzone spielt, verdirbt mir die Laune. In Mexiko habe ich mal versucht, Ernst Jüngers „In Stahlgewittern" zu lesen und sie direkt wieder zugeklappt; ich hatte noch Lewis Carrolls „Alice im Wunderland" mit, das ich stattdessen, lustlos, in der Hängematte las, in der anderen Hand eine Kokosnus mit

Strohhalm, vor mir die Salzwellen des Pazifiks, die auf den glühenden Strand breit ausliefen …

Zurück geht's nach Funchal im Mietwagen und am gleichen Tag weiter mit dem Bus Richtung Seixal, über Ribeira Brava, wo er hält und eine halbe Stunde Pause macht. Neben dem Standplatz am Straßenrand geht's paar Stufen runter zu einer Garküche oder so was, ein Baum, an dem ein paar Bretter als Dach dran sind, Rauch weht rum. Die Kellnerin kommt aus der Brutzel-Bude; „schon ordentlich über die Vierzig", denk ich, „Pinkpullover mit schönen runden Titten drunter, enge Jeans, zu eng, zieh'n den Hintern schon platt – 'ne Nutte", denk ich, „die hier noch 'n Nebenjob hat." Meine Frau bestellt Sandwich/ Cola und meint: „Ich mag solche Frauen, sie sind ein bißchen burschikos, aber herzlich, und offen." „Ja", sag ich und zieh das kurz in Betracht: Wenn sie keine Nutte ist, warum sieht sie dann wie eine aus? Auf Sizilien sah'n sie auch wie Nutten aus. Die woll'n das so, obwohl sie aus dem Fernsehen wissen, was läuft. Die Chinesenfrauen in Paris erkenn ich auch von hinten, auch *zu* enge Jeans, aber nicht nuttig, sondern dorfmäßig, dazu Plateaus, Hüftjacken im 80er Stil, die haben ihren Chinalook beibehalten. Mit den Klamotten arbeiten sie im Kopie-Shop, kellnern im Chinarestaurant und damit geh'n sie auch auf dem Boulevard de la Villette auf den Strich, man merkt's nur am Rumstehen.

# Seixal

32° – auf dem selben Breitengrad wie die Bermudainseln. „Tamm, Tamm." Festvorbereitungen, bunte Stangen und Wimpel. Zufällig Nachbarn. Rotschwarze Krabben.

Wir nahmen Quartier in einer Pension, in der man, wie sicher überall in dem überschaubaren Ort, das Meer rauschen oder besser dröhnen hörte, welches auf gerader Linie (bis auf wenige Ausnahmen) direkt an die steil und hoch aufragende begrünte Felswand, in deren Bewuchs hier und da Wasserfälle lange Schneisen schlagen, brandet – was vor allem nachts einen echt seefahrenden Effekt macht. Der Anblick der Nordküste, vor der sich unabsehbar der Atlantik streckt, hat bei aller Größe auch etwas Trostloses und gibt erst einen rechten Eindruck davon, wie weit abgeschlagen von allem Land Madeira in den Fluten verlassen liegt.

In der Pension trafen wir auf ein deutsches Pärchen (zweite Ehe) mit dem wir warme Gespräche führten, was vermutlich daran lag, daß es auf die Fünfzig zuging und wir länger bei einem Thema blieben. Es warnte uns vor, nach welchem Lokal man sich übergeben muß und hatte auch eine Empfehlung bereit, Jochen schwärmte vom Brisa Mar: „Das Essen da ist wirklich super, ich hatte … was hatte ich noch mal?" Elke: „Du hattest Tunfischsteak." „Genau, wir hatten beide Tunfischsteak, dazu Muschelreissalat, Pommes, eine ganze Flasche Weißwein – zwanzig Euro." Ich sag, „Das ist äh, das hört sich gut an."

Elke ist Buchhändlerin, das wundert mich nicht, sie wirkt sensibel. Ich frag sie, ob das mit dem Internet-Buchhandel Probleme macht, „Aber ja" sagt sie traurig, „die Leute klicken halt schneller, als daß sie in den Laden kommen." Wir sind uns auch über das E-Book einig, wir mögen das Ding nicht.

Es gab auch einen Fernseher. Einmal sahen meine Frau und ich eine Szene, die mir haften geblieben ist. Es war eine BBC-Reportage über indische Arbeitselefanten. Um sie zu solchen zu machen, muß ihnen bereits im Kindesalter der Willen gebrochen werden; alle vier Beine wurden an Pflöcken festgebunden, daß sich das Tier nicht mehr fortbewegen konnte, darauf wurde mit verschiedenen Gegenständen fest, aber nicht verletzend, auf den Kopf geschlagen. Man sah, wie Wut und seelischer Schmerz gleichermaßen in dem Tier wühlten, auch vergoß es Tränen. Hernach sind diese Riesen ganz gefügig und lassen sich wie Hunde an der Leine führen. Das Gezeigte gab zu allerlei moralischen Betrachtungen Anlaß.

Gedanke: Was wir nicht aufschreiben, versinkt in einem Nebelstrom; wie viele, lohnenswerte, Details sind unserem Blick entschwunden, aus denen sich die Momente zusammensetzten. Stattdessen bleibt uns eine Art zusammengeronnenes Bild von Menschen, Orten, Tagen …

Nach so ernsten Gegenständen wenden wir uns wieder den Freizeitaktivitäten zu. Chérie und ich (ein Tipp von Jochen und Elke) gehen zum Naturstrand, hinter dem Ort. Unten kommt man erst an einer kleinen Cafeteria vorbei, einfach, Betonklotz, alles da. Das Ding ist, obwohl der Strand quer zum Ozean liegt, schwappt trotzdem wie wild das Wasser in der Felsbucht. Der Einstieg ist nicht gerade leicht – *Geröll*. Ich sag, das hätte man eigentlich mal abtransportieren können, um den Strand (schon mal schwarzer Vulkansand) attraktiver zu machen und ein paar Palmen hinzupflanzen. Meine Frau kuckt ein bißchen irritiert, aber warum sollte es geschmacklos sein, Bäume zu pflanzen? Dann längere Diskussion, ob das mit dem Abtransportieren überhaupt machbar ist, da wird ja so viel Geröll vom Meer reingespült, das kriegt man wahrscheinlich nie weg. Obwohl sich das in Strand*nähe* schon lohnen würde. Aber wahrscheinlich nicht ökonomisch. Wegen des Passats kommen ja hier dauernd Wolken vom Ozean, die direkt am Berg hinter der Ortschaft hängen bleiben, wie wir beobachten können, und für graues Wetter sorgen – weshalb es auch nicht genügend Touristen gibt, die das Ausbaggern rentieren.

Wegen des Gerölls oder der Wellen oder weil das Wasser zu kalt ist, geht eben kaum einer rein (außer ein *anderer* Deutscher, um die Fünfzig, der wie ein Fakir über's Geröll läuft und dann fast aus der Bucht in den unendlichen Ozean rauskrault), aber das tolle Motiv will sich kaum einer, auch wir nicht, entgehen lassen, weshalb fast alle, die zum Naturstrand kommen, die wilden Wellen *fotografieren*.

Rüber nach Porto Moniz, holen uns in der Touristinfo die Buszeiten von einem jungen Typen, weißes Hemd mit Riesenlinienkaros, könnte modeln, sollte er. Im Spaßbad nichts los, im Café drüber auch nicht, wo wir sitzen und auf den Atlantik kucken, als wär's ein Sportplatz. Einkaufen in zwei der drei Supermärkte. Dann mit den Tüten, unterwegs reißen sie, Gurken auf der Straße, zur Haltestelle mit Glasdach, wo die Sonne raufprallt; Einheimische erzählen uns, daß wegen der Schlammlawinen hier tote Hose ist, obwohl der Ort gar nicht betroffen war. Und ich drifte weg und versuch mir vorzustellen, wie Leute da auf ihren Sofas den Urlaub planen und alle möglichen Szenarien durchspielen.

Einmal, beim Erkunden des Dorfes die hochgelegene Uferstraße wählend, kamen wir landwärts an der Kirche Seixals vorbei; auf der gegenüberliegenden Chausseeseite, seewärts, befand sich, zwischen Einfamilienhäusern und vom Umriß ungefähr einem entsprechend, der Friedhof. Ich fügte ihn innerlich sogleich meiner Sammlung von Meeresfriedhöfen zu, worunter dieser am meisten anrührte, waren doch die Gräber über und über, und eigentlich nur bei genauerem Hinsehen als solche zu erkennen, ganz wie Gärten von Blumen bewachsen, die in dem favorablen Klima prächtig gedeihen. Man sah auf ihnen Margeritten, Montbretien, duftendes Seifenkraut und andere Blumen mehr, wobei denselben, so verschieden waren sie, keine symbolische Bedeutung zugedacht schien; einzig ihre Fülle und Schönheit mochte den Ausschlag gegeben haben.

Tags darauf streiften wir, auf dem Weg zum Strand, abermals den Friedhof, als zu unserer Betrübnis gerade ein Begräbnis im Gange war oder vielmehr sich vollendete, denn im Augenblick wurden die Bretter beiseite genommen, von denen aus der Sarg hinabgelassen wird. Wobei uns unsere junge Begleiterin, sie mochte etwa vierzehn gewesen sein, vom Vortag wieder einfiel, die vom Nachbardorf ein Blumengesteck herüberbrachte und dasselbe so anmutig hielt, daß uns dessen ernster Anlaß gar nicht in den Sinn kam. Wobei uns unsere jungendliche Begleiterin, sie mochte etwa vierzehn gewesen sein, vom Vortag wieder einfiel, die vom Nachbardorf Blumengesteck ein herüberbrachte und dasselbe so anmutig hielt, daß uns dessen ernster Anlaß gar nicht in den Sinn kam.

Als wir uns abends zur Nachtruhe begeben und das Licht gelöscht hatten, stieg mir prompt das Bild des (oder der) Toten auf, wie er, nur wenige Meter unter der Erde, in seinem Sarge ruhte, den Blicken entzogen, aber eben noch nicht ganz aus der Welt.

Arco de Sao Jorge
Allein der Weg zu dem etliche Kilometer entfernten Arco de Sao Jorge war bereits überaus prächtig,

vermehrte sich doch auf wundersame Weise mit zunehmender Annäherung auch die Vegetation. Die schmale Straße stieg allmählich die Küste hinauf und wandte sich, bald tiefer ins Massiv ihre Schlangenlinien führend, bald wieder daraus hervortretend, durch unter verschwenderischem, regenfrischem Bewuchs verborgene Wände. Oftmals ging es nur langsam voran, da sich die Fahrzeuge umständlich Platz machen mußten oder Löcher zu umgehen hatten, welche die häufig herabstürzenden Felsbrocken in den Weg reißen und an denen Arbeiter beschäftigt waren. Gleichsam gekrönt wurde die so angenehme Anfahrt durch unser eigentliches Ziel ...

Ans Hacienda-Holztor gepocht, rein, nach dem Weg gefragt, den Plattenweg runter, der sich dauernd teilt und so nah um Edel-Bungalows rumführt, daß man das ganze persönliche Zeug drinnen rumliegen sieht und fast in Leute in Hängematten reinlatscht (irgendwie was Ostentatives oder eher so was wie offene vernetzte Architektur, überleg ich und stolper weiter durch die in Rindenmulch gebettete Gartenferienanlage), dann ein verlassen in der Sonne leuchtender Pool, in dem eine silbergraue Kopfstütze treibt, dahinter ein riesiges hölzernes Agrargerät als Deko, hier auch rum, hoch, an Bungalows vorbei und wieder vor den Pool mit der schwimmenden silbergrauen Kopfstütze – schon wieder der Pool!? ... dahinter fehlt aber doch das Ackergerät? Ok, das Ding gibt es nur einmal aber die baugleichen (sonst umgebungsidentischen) Pools mit der silbergrauen Kopfstütze mindestens zweimal ... und plötzlich das Gefühl, die Welt ist aus Glas, wo man von oben nach unten immer das Nächstliegende durchscheinen sieht; durch die Hauswand die Wohnung, durch Tisch und Stuhl den Teppich, darunter der Glasboden, der sich zu einer anderen Wohnung öffnet und so fort, bis ganz hinab, herauf oder diagonal, bis sich mit wachsender Entfernung die Formen in kreuz und quer übereinandergeschichtete weißgrüne Glaskanten verlieren ... aus meinem Endlosbild reißt mich, daß wir diesmal schlauer sind und einen anderen Abzweiger nehmen, und endlich sind wir ...

Am Rosengarten von Arco de Sao Jorge angelangt, dessen Pforte wir später beim Hinausgehen, der weitläufigen und zudem labyrinthisch angeordneten Hage wegen, nur schwer wiederfanden. Die Lage desselben konnte kaum besser gewählt sein, befand er sich doch, wie das Dorf selbst, auf einem hoch über dem Meer thronenden Plateau, von einem Bergrücken gerahmt, dessen üppiges Grün den Rosen aller Farben ebenso optisch zu Hilfe kam, wie gerade der Urwaldblume der sie umgebende Dschungel. Die erste Rose, welche unsere Aufmerksamkeit in besonderem Maße gefangen nahm, eröffnete zugleich den Wettbewerb um den ersten Preis der Schönen. Von hellem Altviolett und täuschend in der Illusion aus Stoff gemacht zu sein, verströmte das distinguierte Gewächs einen intensiven Citronnelleduft, der demselben wie ein ihm fremdes Parfum beigegeben war. Leider war es nicht möglich, den Namen, denn das bezeichnende Schild fehlte, in Erfahrung zu bringen, so daß es seine geheimnisvolle Identität bewahren konnte. Schon den ersten Rang einnehmend, fesselte uns alsbald diese Rose: Über außen nach innen von Hell- in ein immer dunkleres und schließlich Blutrot übergehend, war ihr ein überirdischer Schimmer eigen. Derselbe hatte seine Ursache in sehr locker gesetzten Blütenblättern („Double Delight"!), in denen der ungehinderte Lichteinfall am besten seinen Zauber wirken konnte. Um einen der drei Plätze bewarb sich endlich noch eine (und man wünschte in sie sinken zu können) in Sammetrot aufglühende Rose.

Welche Rose durfte hier den Sieg reklamieren? Nun, es ist – – wie beim Eiskunstlauf, wo so oft bei gleicher Qualität der Figuren und Sprünge der ersehnte Platz verloren geht, nur weil der Geschmack Richter ist, welcher bekanntlich ebenso verbissen auf seinem Urteil beharrt, wie er sich im nächsten Augenblick unbekümmert einem anderen Gegenstand zuwendet.

Noch ein Wort zum Wetter. Es ist immer eine kleine Sünde, und oft reute es mich hernach, der Witterung nicht genügend – schriftlich – Aufmerksamkeit geschenkt zu haben, obwohl sie uns doch, zumal auf Reisen, die Tage ebenso zu verschönern wie zu verderben weiß. Im Grunde sollte jedem Kapitel einer Reisebeschreibung, sie schreite von Tag zu Tag fort oder fasse dieselben zusammen, ein Wetterbericht vorangehen, welcher kurz über Temperatur und Sicht in Kenntnis setzt. Der Leser wird dies sehr wohl goutieren, da er um eine Versinnlichung reicher (und gleichsam dieselben Freuden und Unbilden teilend), das Vorerzählte noch lebhafter und zwar in seinen wechselnden Farben, den verschiedenen Helligkeiten und Beleuchtungen vor Augen gestellt bekommt.

Für die Insel Madeira läßt sich, zumindest für die Monate Juli, August, das Wetter auf einen Begriff bringen: temperiert. Das Thermometer steigt (an der Küste wie im Bergland) selten über dreißig Grad, dazu weht eine angenehme reine Luft (außerhalb der großen Städte), so daß Abendkühle und Mittagshitze gänzlich unbekannt sind.

Einzig die bereits erwähnte Wolkenbildung an der Nordküste setzt ein wenig Essig in den Wein, kommt doch die Sonne dort nur selten zum Vorschein. Daß die Bewölkung wie von einem Magneten an der Felswand festgehalten wird, aber gleich dahinter der schönste Sonnenschein herrscht, beweist übrigens ein Blick hinüber zu dem weiter östlich gelegenen Orte Sao Vicente. Hier besitzt die undurchdringliche verhangene Felsenmauer bis zu den Wellen herab einen Durchlaß zu einem Tal, durch welchen, einer ungeheuren einsamen Lampe gleich, das Sonnenlicht bricht.

## Rückkehr nach Funchal

Die Elenden. Merops apiaster (empaillé). „Sich zu langweilen ist auch ein Zeichen von Intelligenz." Titanisches Grabensystem. Spezimen. Hier noch eine Seltenheit.

Am Tage, als wir von Seixal Abschied nahmen, zeigte sich das Wetter noch unverhofft von seiner besten Seite; rollte das Meer bisher in einem düstern

Azur, blitzte nun die weite Fläche, von einem frischen Wind bewegt, unter der starken Sonne wie der lebhafteste transluzide Saphir.

Ohne Aufenthalt und auf direktem Wege kehrten wir in die Hauptstadt zurück und hielten, an unserem vorletzten Tage auf der Insel, Nachlese. Der erste Weg führte uns indessen unserem Lieblingslokal, dem Golden Gate Café, zu, eine Erfrischung zu nehmen. Im Eintreten kamen uns einige Feuerwehrleute entgegen und heftiges Weinen war zu vernehmen. Es rührte von einem jungen Mädchen und wohl dessen Großmutter her, welche man im Begriff stand, in einem Rollstuhl hinauszufahren. Da an letzterer keine Zeichen körperlicher Verletzung sichtbar waren, deutete alles darauf hin, daß eine traurige Nachricht sie in diesen Zustand versetzte. Dem erschreckt nebenher laufenden Kind strich ein Feuerwehrmann tröstend über den Kopf, wobei mir (auch hier) wieder die hübsche Landessitte auffiel, den Mädchen Pagenfrisuren zu schneiden, was sie wie junge Prinzen aussehen läßt. Doch zu unseren letzten Unternehmungen, wie der Kathedrale ...

Oben hängt eine „Stalaktitendecke", die wir schon von Palermo kennen; wir setzen uns auf eine Kirchenbank, kucken hoch und ich leg mit einem Monolog los:

„Das Geheimnis von der Decke ist, daß man nie genau weiß, ob man hoch oder runter kuckt, in Tausendundeinernacht gibt es dauernd Luken im Boden, da geht es runter zu einer anderen Welt!"

„Hm."

81

„Das ist auch so ein Element der arabischen Kultur, wie das Rätsel, das Labyrinth und … äh, die Arabeske."

„Das ist interessant."

„Da wird mit Absicht so ein Orientierungsverlust eingebaut." Und dann weiter in Gedanken, das ging mir in den Kirchen mit ausgemalten Kuppeln auch so, da weiß man auch nicht, geht es nun zu den Figuren rauf oder runter. Irgendwie schon so ein Weltallding, kein Oben und Unten mehr. Wenn das aber in den Kuppeln das gleiche ist, ist es auch keine Besonderheit der Stalaktitendecke …

ABFLUG

Wir rollen langsam auf die Startbahn zu und sortieren unsere Zeitungen, ich hab mir eine deutsche gekauft, meine Frau die französische Closer, jede Menge unscharfe Teleobjektiv-Fotos von Ärschen drin, die aus Bikinis quellen, die Stewardess sagt irgendwas durch … *Attention … Insecticid, it's not toxic.* Hör's und aus den Air-Conditions über uns, an denen man beim Start immer rumdreht, kommt was raus und gleich wird's bitter im Hals. Oh Mann, denk ich, die haben da Gift runtergespritzt, das ist jetzt in meinem Körper drin und überall auf den Klamotten und in den Haaren und Sitzen, überall. Ich frag meine Frau neben mir, ob's in ihrem Hals auch bitter ist, „Ja, ein bißchen", sagt sie, „Oh Mann", sag ich, „das ist bestimmt verdammt giftiges Zeug", „Nein", sagt sie, „wenn es giftig wäre, würden sie das nicht machen" (ja, vielleicht, immerhin kriegen die Stewardessen das ganze Zeug auch dauernd ab); ich hab mal was im Fernsehen drüber gesehen, es war irgendwie alarmmäßig aufgemacht, aber ich kann mich einfach nicht mehr erinnern, wie es ausgegangen ist, war das Zeug nun wahnsinnig schädlich, oder gerade noch tolerierbar oder so was?

# 20

Das Kommando wurde gegeben, und langsam glitt das lange, geblähte Segel, noch zuckend wie ein Vogel, der getötet wird, von der Spitze des Masts herab am Großsegel entlang, das gespannt schon die bevorstehende Sturmböe vorauszuahnen schien.

G. d. Maupassant, „La Vie Errante"

Griechenland, Mai

Als wir kurz vor Mitternacht mit dem Bus über den Périphérique von Athen fahren, bin ich wie verloren, denn ich habe die Hinfahrt zum Pariser Flughafen im Kopf, die auch über den Périphérique führte, und so ist es, als sei ich nach ermüdender Reise und Zeitverschiebung am gleichen Ort geblieben.

Am nächsten Tag scheint die Sonne, wir haben es uns, der Preisunterschied war nur gering, in der mit hellviolettem Velur ausgekleideten Business-Class bequem gemacht. Als die riesige Fähre ablegt und ich aus den Seitenfenstern schaue, zieht der Quai von Piräus und das zugebaute Ufer von hier oben wie Spielzeug vorbei; dann sehe ich wieder durch das große Panorama-Fenster, vorn, wovor meine Frau und ich in Klubsesseln sitzend leckere Club-Sandwiches essen; der Käsekuchen mit Kirschsoße, den eine Nachbarin verspeiste, war aber uneßbar. Die Kellner sind in der Businessklasse sehr zuvorkommend, aber diskret. Die Zeit wird mir nicht langweilig, ich beobachte das Meer und seine Stimmungen, einmal purzelt ein Delphin aus dem Wasser. Als es Abend und dunkel wird, läßt ein Steward per Knopfdruck die Vorhänge der Panoramafenster herunter; nun kann ich nicht mehr raussehen und sehe ich ein bißchen Fern. Da auf dem linken Fernseher eine Nachrichtensendung läuft, bei der der Bildschirm in vier Teile geteilt ist, so daß vier Leute gleichzeitig reden können und auf der rechten Seite auch ein Fernseher, mit einem anderen Programm, eingeschaltet ist, wird mir nach einer Weile ganz schwummerig und ich gehe ein bißchen an Deck, mich zu erfrischen. Draußen ist tiefschwarze Nacht, ich trete an die Reling und bekomme gleich dieses Sehnsuchtsgefühl wie es einem inneren Ruf entspringt; und wie ich um mich schaue, stehen da noch andere

Leute, aber ausschließlich Männer, sie stellen sich sogar in die zweite Reihe, und alle starren sie in die Nacht. Mögen sie dasselbe wie ich gedacht haben? Sollen die Frauen doch alle Direktorinnen werden, den inneren Ruf, der den Mann in die Ferne zieht, ihm Eroberungen einflüstert, werden sie nie hören, ihm geschweige denn folgen. (Mittlerweile sind uns Männern die Frauen weit überlegen. Sie brauchen uns nicht mehr. Nur zum Dosen öffnen, wo sie noch von unserer tierischen Kraft profitieren, die sonst völlig weggezähmt ist. – Abgesehen von ganz seltenen Momenten, in denen sich das Verhältnis umkehrt. In den sehr frühen Morgenstunden und sehr späten Abendstunden, wenn sie uns allein auf der Straße begegnen, da spüren sie, und wir können gleichsam ein leichtes Zittern wahrnehmen, furchtsam unsere brutale Macht.)

Aus dem Dunkel taucht eine Insel auf, nur wenige Lichter sind darauf, sie ist spärlich besiedelt. Aber dann, das Schiff biegt in eine Bucht, verschlagen einem funkelnde Hügel die Sprache; überall schimmern hellgrün und orange die Lichter – von Syros' Ermoupolis. Und, als beträte man ein orthodoxes Heiligtum, das Kleinodien verwahrt, sind die Kirchen besonders angeleuchtet, glitzernden Edelsteinen gleich. Als ich, ganz berauscht davon, wieder in die Business-Class zurückkehre, erzähle ich gleich meiner Frau davon.

Die erste Insel, wo wir von Bord gehen, ist Naxos. Trotz der Neubauten gibt es in Naxos-Chora noch den alten Stadtteil mit seinen weißen Häusern, den verwinkelten Gassen und den niedrigen Torbögen, unter denen man sich bücken muß. Hier haben sich Souvenirläden, ähnlich wie eine Shoppingmall nur en miniature, eingerichtet; ein Labyrinth, aus dem es scheinbar kein Entrinnen mehr gibt, aber wir nehmen es gelassen, wir sind ja im Urlaub. Mit dem Bus machen wir Ausflüge ins Inselinnere, aber die Dörfer sind häufig gesichtslos; wir suchen deshalb oft gleich den Weg in die Umgebung, wie bei dem Weiler Chalki. Wir gehen einen hübschen von der Europäischen Union geförderten Weg oberhalb eines von Olivenbäumen bestandenen Tales entlang, der durch ein aufgegebenes Dorf führt. Beim Blick in die verfallenen und überwucherten Höfe und Ruinen schaudert es einen immer, man vermutet dort Krankheiten oder Diebe.

Weiter geht die Fahrt nach Amorgos, diesmal sitzen wir, die Fähre ist viel kleiner, an Deck und schauen über das Heck hinaus; die frische Meerluft, das tintenblaue Wasser mit den strahlend weißen Schaumkrönchen, es ist herrlich. Als wir in die Aigiali-Bucht einlaufen, fragt mich ein junger Pakistaner, ob ich auch in Aegiali aussteige, aber ich tue so, als hätte ich nicht richtig verstanden und antworte auf Englisch, daß das Aigiali sei. In dem Dörfchen Aigiali gehen Gestern und Heute durcheinander, man sieht Greise, die sich von Eseln die Treppen hochtragen lassen (einmal kam auch eine Alte an der hochgelegenen Taverne mit Seeview vorbei und starrte uns, eingehüllt in Bauernkleider, oder waren es Lumpen?, an, sie muß sich so deplaziert gefühlt haben), und eben auch pakistanische Wanderarbeiter mit scheußlichen Schuhen, wie unser Freund vom Boot, die hier mithelfen, Pensionen zu bauen. Abends stehen sie in den Telephonzellen und telephonieren, wohin eigentlich? – Zeit für mich, in der Kühle, zu Exkursionen aufzubrechen. Wie groß war mein Entzücken, als wir eine Asphaltstraße an einem vom Abendlicht rotgolden glühenden Abhang entlangspazierten – auf den Stromleitungen saßen Bienenfresser. Was wäre der Naturbeobachter ohne die Zivilisation, nirgendwo lassen sich Vögel besser betrachten, als wenn sie auf Leitungen sitzen, oder die graphitschwarzen Agamen auf den Mauern des von der Europäischen Union geförderten Weges auf Naxos. Von hier aus ließen sich die türkis, grün, gelben, hellbraunen Tiere im Segelflug in die Büsche hinabgleiten und, ein Insekt im Schnabel, wieder hinauftragen, wie ein von einem Jungen geworfenes Papierflugzeug.

Oberhalb von Aigiali-Bay, eine Ebene wird von einer Hügelkette umringt, die zum Schluß schroff ansteigt, liegt Langada, wir besuchen es. Im Ortskern schlummert eine kleine weiße Kirche mit blauem Dach in der Sonne, gerade kommt der schwarzgewandete Pope vorbei und läßt mich rein, meine Frau muß an der Schwelle bleiben, weil sie keinen Rock, sondern Hosen anhat. Die Kirche ist ganz mit Wandmalereien ausgeschmückt, der Pope erzählt etwas von Heiligen, aber ich empfinde nichts, wie ich überhaupt in orthodoxen Kirchen nichts wirklich sehe. Und das liegt daran, daß hier der Glaube, der ja auch Veränderungen unterworfen ist, davon nicht die geringsten Spuren zeigt, daß es keine *Evolution* gibt.

Auf dem Plan der Bucht unterhält das Volk von Amorgos eine ausgedehnte Olivenplantage, die sich von oben betrachtet wie ein dichter Wald oder eine gut gefüllte Tenne, so eng stehen die wohltätigen Bäume beieinander, ausnimmt. Unter ihnen wächst, teils in Massen, die Schlangenwurz, Dracunculus. Wie sie Fliegen zwecks Befruchtung anzieht, stößt sie den Menschen ab; sie stellt eine Art Leichen-Mimikry vor, ein zugespitzter langer Kolben von der Farbe eingetrockneten Blutes schwebt, Aasgeruch verströmend, halb darauf niedersinkend, halb sich davon erhebend, über der ebenfalls dunkelpurpurnen Spatha wie über einer Lache Blut, die grünen Blätter sind gleichsam zerfetzt, der Stiel, den eine wie Reptilienhaut gemusterte Scheide umgibt, ähnelt dem noch frischen Rest eines gerade zu Tode gekommenen Tieres.

Über den Betonweg durch den Wirtschaftswald, wir wählen ihn gerne, weil er einfachmal super bequem ist, zuckelt eine Spaziergängerin, ich starte eine Charmeoffensive und es kommt zur Ferienfreundschaft:

Wissen Sie, was das für eine Insel da drüben ist?

(in den Fünfzigern, Deutsch) Ich glaube Naxos.

Ah, das habe ich mir fast gedacht.

Waren Sie schon mal auf Amorgos?

Nein.

Ich komme schon seit neunzehnhundertdreiund-
neunzig, fast jedes Jahr oder zumindest jedes Zweite.

Und, wie sah es früher aus?

Also diese ganzen Häuser gab es nicht (sie zeigt auf die Pensionen und den Campingplatz, praktisch ganz Aegiali), da oben, in Potamos, standen nur vereinzelte Häuser, aber das scheußliche Hotel da drüben, das gab es schon. In Aigiali gab es erst seit Ende der 80er Jahre Strom. Noch etwas früher existierte nicht einmal ein Kai, die Leute wurden damals noch ausgebootet, also die Fähren kamen in die Bucht, dann wurden die Leute mit dem Boot übergesetzt. Es gab auch nicht die Supermärkte, aber dafür einen Gemischtwarenladen, mit Seife, Gewürzen, Früchten, Käse und so, und alles stapelte sich bis unter die Decke, der Besitzer war etwas knurrig, aber es war ein toller Laden. Er ist gestorben, aber so ist das, nach und nach sterben sie. Und, haben sie schon was von der Insel gesehen?

Ja, wir waren in Chora (dort hat uns der Taxifahrer versetzt, so daß wir sie nicht schnell genug wieder verlassen konnten) und im Kloster, äh … (dort hat uns ein Taxifahrer falsch abgesetzt und wir mußten einen Ziegenpfad hinabsteigen, um dann wieder zum weißen riesigen Troglodyten-Kloster hochzusteigen, abends das Gefühl, überhaupt nicht dort gewesen zu sein) und noch in Katapola! (fünf Minuten).

Ich finde es schön, wenn sich die Leute interessieren und nicht nur an einem Ort bleiben, sondern sich Sachen ansehen.

Oh, ja! (meine Frau und ich)

Die Tage am Strand waren köstlich, denn auf dem abgeschiedenen Eiland war wirklich nur das Meer zu hören. Einmal war Wind, und wir sahen den Wellen zu, die in immer neuen Variationen ans Land hüpften, ohne sich je zu gleichen. Neben uns waren nur wenige Leute, wegen der Vorsaison und weil die Rentner schon zum Mittag waren. Einmal tauchte ein junges, sehr schlankes Paar auf, Amerikaner. Der junge Mann ging in die Wellen und fischte Plastiktüten auf, die er zu einer Kugel formte, dann machte auch das Mädchen mit. Ich fand es okay, aber auch ein bißchen evangelikal. Sie gaben kein Face-Time.

Wir ließen einen Fünf-Euroschein befestigt mit einer Wäscheklammer an einer Gratispostkarte von Ägiali auf dem Eßtisch zurück, der Service des polnischen Zimmermädchens ließ wirklich nichts zu wünschen übrig, nahmen die Rollkoffer, stiegen die Treppen der Pensionsterrasse herab und zogen sie leise, denn es war erst kurz vor sieben, über die weißen Fliesen des Hofes, vorbei an dem Erdgeschoßappartement, in dem ein grauhaariges französisches Lesbenpaar wohnte und wandten uns zum Hafen.

Das Schiff schwankte etwas mehr als auf der Hinfahrt, was bewirkte, daß mir die Worte ausgingen, auf

Französisch wie auf Deutsch, ohne daß ich deshalb desorientiert gewesen wäre. Ein Beweis dafür, daß man sehr wohl ohne Sprache denken kann, was nichts tat, denn der News-Split-Screen im Fernseher (Business-Klasse) blieb ohnehin lange im Standbild und als das Programm dann weiter ging, lief eine Soap, in der eine Modelschauspielerin reglos oder erstarrt, den Kopf schräg nach unten geneigt, auf dem Sofa saß, was mir relativ spät auffiel, obwohl ihr im ganzen Teil diese Rolle zugewiesen war.

Das Reisen zur See kann selbst dem geübtesten Matrosen, zieht es sich gar zu sehr in die Länge, eintönig werden, so daß er am Ende ganz bekümmert wird aus Mangel an Abwechslung. Wie sehr wird ihn um so mehr das überraschend auftauchende Gestade einer Insel erfreuen – so auch uns dasjenige von Paros. Obwohl wir keinen Fuß an Land setzten konnten und nur kurze Zeit im Hafen blieben, Ladung und Leute aufzunehmen und von Bord gehen zu lassen, ging uns beim Anblick des hingebreiteten Landes das Herz auf. Vor uns lag eine gerade und breite, sanft ansteigende Hügelkette, die dem Feldbau offenbar besonders günstig war, denn überall wogten Getreide- und Weideflächen, aus denen hier und da weiße Häuser ragten, wobei sie in steilerer Höhe spärlicher waren, während sie sich nach unten hin verdichteten und endlich in die Hauptstadt von Paros (gleichen Namens) übergingen, die einen hübschen Pinienhain oder Park ihr Eigen zu nennen scheint.

Auch den Abreisetag wollten wir nicht ungenutzt verstreichen lassen und besuchten das Athener

Akropolismuseum, von dem wir schon so viel Gutes gehört hatten. Wir wurden nicht enttäuscht und verbrachten geraume Zeit in dem Haus, um gründlich alle Schätze zu besehen, so einige weibliche Statuen, deren weiße Marmorgewänder noch den Mäander-Schmuck einstiger Bemalung bewahrten, was ihnen ein geradezu aristokratisches Ansehen gab. Für sein wichtigstes Stück hält das Museum indes einen riesenhaften Fries des Parthenons, der den Kampf zwischen einem Löwen und einem Stier vorstellt. Auch dort erhielt sich die Farbe, doch wollte sich keine Harmonie einstellen. So sehr wir uns mühten, konnten wir den Alten hier nicht folgen, denn die Ausführung schien einzig das Ziel zu verfolgen, das mythische Personal gleichsam lebensecht aus dem Giebel springen zu lassen, was

# 19

Korsika, August

Ajaccio. Wir waren erledigt. Megahitze, obwohl im Schatten des Hafen-Cafés.

Hinter uns ein Tisch mit alten Typen, irgendwie kehliges, grunziges Französisch, superlaut. Dauernd latscht ein Typ vorbei mit einem „Vendetta"-T-Shirt. Im Napoleonhaus waren wir schon. Im Napoleonhaus waren wir schon. Ok, wir rühren uns hier nicht mehr vom Fleck, bis der Zug fährt, was sollen wir sonst auch machen, im Napoleonhaus waren wir schon.

Im Zuge. Dem Fräulein vom Kartenverkauf folgend, nehmen wir linksseitig in Fahrtrichtung, der Aussicht wegen, Platz. Nur weniges hinter der Hauptstadt arbeitet sich die schmale Bahn an Schluchten und weiten tiefen Tälern entlang – ein selten gewordenes Bild, wo sie noch nicht der Macchia wich, überzieht eine vorzeitliche Waldung das Inselinnere, die hellgrünen Fächer der Edelkastanien bilden Wellendächer, aus den Felswänden ragen kerzengerade, turmhohe Kiefern, Schiffsmastenbäume.

Nach zwei Dritteln Zwischenhalt und kurzer Ausstieg an der „Waldstation"; leichter Regen, ein paar Häuser verlieren sich hinter dem Bahnhäuschen im Dunklen – sich von hier oben über das ganze Tal herabziehenden – nebelverhangenen Walde. Eine lebende Tropfsteinhöhle – auch sie gewährt Abri! Leider fanden wir den Ort auf der Karte später nicht mehr wieder ... Über verpaßte Gelegenheiten zur genaueren Observanz tröstet der Gedanke ans Meer. Völlig mit dem Anblick des Wellenganges beschäftigt, kommt uns bisweilen nicht einmal der Gedanke, daß sich darunter eine ganze Welt, ja die eigentliche des Meeres befindet – auch das meint Platons Kavernenmensch.

Corte – die einstige Hauptstadt, ein Adlerhorst. Von den hohen Häusern, italienischen Stils, schält sich alter Putz ab, wo er fehlt, werden mächtige Granitquader sichtbar. Wind und Wetter setzen dem Orte zu, von dem, wie Schürfadern, zwei Täler ausgehen, Restonica und Tavignano. Letzteres ist das schönere; gleichwohl, bereits auf über tausend Metern im Restonica, eine Zufallsbeobachtung: eine rote Sandwespe schleppte, zum Bruteintrag, eine grasgrüne Raupe über den Weg – entomologische Lehrbuchszene in vivo!

Das Tavignano-Tal ist schmal, der Einstieg befindet sich unmittelbar hinter der Oberstadt. Sogleich der Eindruck des Ungeschlachten – ein Kyklopental. Über den gewundenen und verwitterten Felsen sengt die Sonne, als wäre die Schlucht eine heiße Erdspalte; die Südflanke umzottet bis zum namengebenden Fluß (was für Bäder, à poil!) mediterraner Mischwald, die nördliche, karge, ist von verbrannten Zistrosen bedeckt. Kein Anbau weit und breit, trotz der wild verstreuten Fülle, dafür (wie bei Polyphem) Viehtrieb. Beim ersten Besuch in der Gorge, am frühen Nachmittage, nahmen wir den

Höhenweg der Zistrosenflanke. Dabei fiel mir wieder eine Besonderheit in klimawarmen Tälern und Gebirgen auf, der Verlust des Höhengefühls. Man schaut in die Tiefe, wie auf den Boden, auf dem man steht. Kommt, wie hier, noch der alle Höhen überwindende durchdringende Duft würzig-aromatischer Pflanzen hinzu (er gehört zu Korsika wie der Mohrenkopf), wird die Idee von oben und unten noch mehr geschwächt. Ließen sich die Gerüche sehen – sie müßten die Schlucht wie Nebelbänke durchziehen.

Auf dem Pfade begegneten wir nach einer halben Stunde einem alten, drahtigen Korsen mit englisch gestutztem Schnauzbart. Er erkundigte sich neugierig nach unserem, ferneren, Herkommen, verabschiedete sich dann mit einem „Friede und guten Weg" und eilte fort in die entgegengesetzte Richtung. Der Satz hing mir noch einen Augenblick nach, auch wie er aufzufassen war. Er bezog sich, wie wir nach einer Viertelstunde Weitegehens feststellten, auf das Wetter. In die hellen Quellwolken waren plötzlich merkliche Grautöne eingeflossen, Grund genug, den Rückweg anzutreten. Doch gar nicht lange unterwegs, hatten sich die Einzelwolken bereits völlig vermischt, und aus der nahen schwarzen Decke über uns vernahmen wir bald Brontes' Fanal. Mit einsetzendem Starkregen, der die Schlucht hinter einem Vorhang verbarg, nahmen wir unter einem abgegangenen Felsblock Zuflucht. Hätte derselbe Metalladern geführt, wären wir vor Steropes' Anwürfen kaum mehr in Sicherheit gewesen, als auf dem überspülten Wege. Einer der seltenen Momente im Leben, in denen es weder ein Vor noch Zurück gibt – auch dies gehört zum *echten* Theater.

Spezialität: Rauf im Restonica Richting Gipfel mit „blauer Lagune" (nicht geschafft) im Troß von Badelatschenträgern. „Zwischenstop", sind danach (als es *noch* steiler wurde), bald umgekehrt, in einer Baude. Rein und …äh … erstmal die Augen gewöhnen, völlige Dunkelheit. Nur durch die Tür fällt Licht. Überall Balken mit Ziegensalami, *irdenes* Geschirr?, Flinten?; zwei superrustikale Typen knurren um eine Feuerstelle. Urhirten? Freischärler? Oh Mann, daß … Sourismaus bestellt mehrmals „ein aufgeschnittenes Baguette mit Ziegensalami, s'il vous plaît" in die Finsternis, aber sie verstehen nicht, es muß ein Codewort fehlen, wahrscheinlich hat die Ziegensalami Vor- und Zuname. Sie bekommt es aber doch, weil alle Touristen wohl das gleiche nehmen.

Wie sich die Bilder gleichen. Von Corte in Richtung Piana mit dem Busse unterwegs durchschlängeln wir eine steinerne Schlucht, deren ausgezackte Seiten die schmale Straße wie Betonwände flankieren. Hier passierten wir ein totes Rind, auf der Seite liegend, und, als wollte es über seinen Körper hinwegsehen, mit aufgehobenem Kopf. Die selbe seltsame Totenstarre auf einer Fahrbahn Mexikos bei einem Esel; auch dort lenkte der Conducteur in einer auf Gewohnheit schließenden Weise um das Hindernis. Solche Szenen sind häufig in Ländern mit verminderter Gesetzeskraft, an ihre Stelle tritt die Abmachung. Manches gewinnt auch unerwartet an Zeichenhaftigkeit, wie ein verrostetes Auto, das in die Seitenmitte eines ungeheuren kraterartigen Tales gestürzt und nie wieder heraufgeholt worden war – wurde es hinabgestoßen, war es ein Unfall ... dazu der Eindruck von Zivilisation, die sich im Naturraum verliert, wie oft auf Korsika. (In abgelegenem Gebiet unleserlich geschossene Ortsschilder, sie dienen den Autochthonen als Übungsscheiben, für unterschiedliche Ziele.)

DAS BLEI MACHT LÖCHER IN DEN TEXT.
DIE WÖRTER FALLEN AUF'S ERDREICH.
DAS BUCH IST DIE BIBEL DES GLAZIALS – WIR ÜBERWINTERN!

Piana, irgendwie schäfermäßige Steinhäuser, grad in Rekonstruktion für die Touristen; das Ganze fast schon ein geschlossenes Ensemble, Indoorfeeling, überall Draußenesser auf der Terrasse (Straße). Uns gegenüber ein franko-deutsches Paar an die sechzig, er, deutsch, ruhig (Blut), sie hysterisch. Laden uns nach Wortwechsel zum Abendessen auf die Terrasse (zwischen unseren Häusern) ein – korsischer Wurstteller, Austausch über Strände, Quali und Entfernung, mir geht die Tante wahnsinnig auf die Nerven, verbeißt sich in irgendwas, verbeißt sich in irgendwas … Zu Hause (en face) meint Schnucki, die Höflichkeit gebiete eine Retourkutsche, ich fang an zu schwadronieren, im Kapitalismus macht jeder sein Ding, niemand ist sich was schuldig … bla, bla, bla. Affaire classée.

Wir erkundigten uns im Dorfe bei einer würdevollen alten Dame nach einer Bucht; gleich nahm sie uns bei der Hand und führte uns zur Rückseite des Ortes, vor ein breites, leicht gekieltes Hangtal, das von hellgrüner Macchia überwachsen war – der Anblick war von sonderbarer Evidenz: rechts und links des Glacis, wie abkühlend und erstarrend, die roten Granitfelsen der Calanche, umspült vom dunklen Blaugrau des Meeres und beschienen von einer vulkanischen Sonne; abends wanderten weiße Kugelwölkchen wie Dämpfe daran vorüber – die juvenile Erde im Begriffe sich in die einzelnen Elemente zu sondern …

Am nächsten Tage machten wir uns zur Plage de Ficajola, an unserem Hange, auf, durch die Macchia hinunter spazierend. Die sich unter der vollen gelben Sonne ausbreitenden Büsche und Bäume sind nicht nur vom Licht verwöhnt, sondern auch mit verfügbarem Platz, fast jede Pflanze hat so viel Raum, daß sie sich nach allen Seiten ausbreiten kann – weshalb man hier überall runde Formen sieht. In die Harmonie des Kreises vertieft, das wohltuende Gefühl, ins Herz einer Sache vorgedrungen zu sein: Nun treibt uns kein fernes Ziel mehr an, denn alles

Reisen ist jetzt ein Reisen im Innern, kein Schritt führt uns fortan gänzlich Neues zu, sondern die einzelnen Bezirke des Mittelmeers ...

In der Ficajola-Bucht, das blaugraue, klare Wasser eingefaßt von roten Porphyrwänden; ein Stein für das Sakrale. Beim Hinausschwimmen wieder der seltsame Eindruck der ozeanischen Weite, obgleich es nur das Mittelmeer ist. Die Ufer-„Dekoration" muß eine nicht geringe Wirkung auf das Erscheinungsbild des Meeres haben; wobei der Effekt, wie beim Kleide des Menschen, vermutlich größer ist, je variabler der Inhalt. Während ein Gemälde in seiner Rahmung gänzlich andere Akzente setzt, ist beim Buche, dessen Inhalt optisch nicht verhandelbar, der Einband – dazu zählen auch die abartigen Lesebändchen – nur von untergeordnetem, ästhetischen Interesse. Ein Thema für sich.

Hinabtauchend einen Sardellenschwarm aufgestört, der spiralig und silberglänzend zur Seite weicht; wir hatten sie gerade erst auf dem Teller und um so mehr freute es mich, sie nun bei ihrem Spiele zu beobachten.

Unter die versprengten Urlauber mischen sich drei junge Männer, dem Habitus zu urteilen Soldaten; während zwei sich im Sande niederlassen, bleibt der Dritte stehen, dreht sich zu uns (allen) und ruft, „Der Boden unserer Vorfahren" („La terre de nos ancêtres"), und gesellt sich dann zu seinen Kumpanen. Dem Typus nach entsprechen solche Erscheinungen ganz dem des Sozialrevolutionärs, wie er einst die europäischen Städte bevölkerte. Nach seinem Aussterben oder Aufgehen in der soziologisch erfaßten Masse bildet er wieder Teilrückschläge hin zum Tribalismus.

Cœur und ich auf dem Handtuch tun so (wie alle), als hätten wir das nicht gehört; ich bin froh, als er sich hingehauen hat, denn am Meer die Sicht versperrt zu bekommen, ist wirklich unschön. Es ist der Moment, wo man geistig entschlacken kann. Nach einer Weile, im Rhythmus der Wellen, kreiseln die Gedanken wie im Halbschlaf rum, das tut gut, Stand-by.

Zum Dorfe zurückkehrend, machen wir am Fuße des Hanges Halt. Sein Anblick ruft das Bild eines orientalischen Bronzetores hervor, in der Sonne gleißend nimmt es die Tageshitze in sich auf. Überhaupt ist hier schon ein Einfluß des Orients zu spüren, wie er der gebieterischen Wärme geschuldet ist. Vom frühen bis zum späten Nachmittage leeren sich die Straßen – Siesta hält Einzug, und in den Tag weben sich der Schlaf und seine Träume. Abends erscheint einem die Erinnerung an den Morgen, als habe eine Nacht dazwischen gelegen, die scharfe Kontur gezählter Tage verwischt ...

Wieder im Hangtale. Auf dem Blatte einer Steineiche, unter dessen niedrigem Dache wir uns in den Schatten stellten, eine Sattelschrecke. Auch das ein Zufallsfund; aber ist dies Zufall zu nennen, was wir zu sehen wünschen – oder ein Einlösen? Das imposante Insekt fällt duch sein gewaltiges Halsschild auf. Zwischen Kopf und Brust wie ein doppelter Kragen geschoben, flammte den hellbraunen Untergrund das Relief einer lindgrünen Aderung. Sogleich rief mir der Anblick die Kameen aus dem Napoleon-Hause in Erinnerung; dem Steine war ein Charakterbild abgewonnen, an dem er durch seine

Beschaffenheit mitwirkte, wie überdies sein eigenes Wachstum abzulesen war. Poly-Entelechie – auch der Demiurgus hat seine Helfer, und Angestellten.

Noch sonst war das hellgrüne Tier reich verziert: weiß schmückte eine Zickzacklinie die Seiten, ein bartartiges Adernetz das Untergesicht, Oberschenkel und Schienen wie Harlekinhosen, braun und grün abgesetzt. Eine Hieroglyphe. Manche Insektenzeichnung wird, wo sie den Verkehr der Organismen untereinander regelt, zu enträtseln, anderes, nach Art des Palimpsests nur noch schwerlich zu erhellen sein. Auffällig die Nähe zur Geometrie in den Zeichnungen, wie sie nirgends sonst so stark bei Lebewesen ausgeprägt ist – dafür bei den Mineralien; auch die Bauwerke der Kerfe gehören hierher.

Überlegung: Lasen einst frühe Menschen Insekten wie Buchstaben vom Boden auf und übernahmen von dort zu ihrem Gebrauch Linien und Rauten, Kreise und Punkte? Der Paläolithiker wird die Käfer gegessen *und* studiert haben, seine Lesefrüchte.

Sorgsam wird er die Flügeldecken runtergepult haben, dann zu seiner befellten Alten rübergehumpelt sein, gegrunzt und darauf gezeigt haben, wie in einem Arte-Beitrag, worauf sie das Symbol für Take care in den noch weichen Ton eindrückte /o\ /o\ /o\ /o\ /o\

Beim Thema. Tausche mich gerne mit andern Lesern (werden immer weniger) über Bücher (werden immer mehr – darunter viele von Sesselfurzer*innen*) aus. Dabei bisweilen ein kleines Manko, Neuerscheinungen betreffend, wo man sich dann zu abstinieren hat. Lese dieselben meist einige Jahre später, *gut abgehangen*. Wenn sie dann noch etwas taugen, ist der Genuß um so größer; mit der Zeit wächst Potenz (im Gegenteile kann man mit dem Knochen Flöte spielen).

Cargèse. Die erste Reaktion. Fluchtreflex. Einen Salaaaaat in einem Cafééééé mit danteskem Verkeeeeehr davor. Werden wir in Cargèse überfahren? Werden wir überfahren, nur weil wir zu unserem Hotel „Spelunca" am Ortsein-/ -ausgang wollen?

Die Spelunca ist ein Betonklotz (geschätzt) aus den Siebzigern, mit Mahagoni-Fenstern. Typischer Corbusier-Widerspruch, außen Gewalt, innen … genau, innen *überzeugen die in die volle Zimmerhöhe reichenden Mahagoni-Fenster*, fast kolonialschick. Und der Blick (über die Straße) auf den unabsehbaren Golf von Sagone, rauchblau, darüber der kleine schöne Mond, die Sonne geht wie in Rauchschwaden unter, meine Frau auf dem Balkon – so hab ich's auf dem Foto festgehalten.

War lange ein Feind von Photos; haben aber manchmal ihr Gutes. So bei einer Vulkanwanderung auf Salina, Abeille lichtete mich ab. Zu Hause sehe ich den Abzug an, darauf ich völlig unscharf und darüber seltsame Kratzspuren. Bei genauerer Inspektion, stellte sich heraus, es ist das gewaltige Rad eines Spinnennetzes, ganz gestochen. Wir hatten dasselbe natürlich nicht bemerkt – Hinweis auf die Mannigfaltigkeit der Welt. Zurück zum Photo an sich; heute wird nur noch digital geschossen, doch kaum mehr entwickelt, die Bilder werden ephemer; muß Ähnlichkeit mit dem Tag einer Eintagsfliege haben.

Spelunca bewirtschaftet ein Bruderpaar, agil, um die fünfzig. Typus des Fuchses. Kennen alles und alle auf der Insel, Informationsfluß reicht bis in die Kapitale (Rathäuser). Wieder ein Beispiel für das Zusammenspiel von Peripherie und Zentrum – – In Piana ein von Ladurée ausgebildeter Bäcker, der dort Pariser Kuchen anbot. Vorzüglicher Schmaus, jeden Tag eine andere Tarte, aux abricots, aux poires, mirabelles; der Boden fest, aber geschmeidig. An Früchten wurde nicht gespart. Auch die Verkäuferin süß.


Der Weg zum Strand ein Stolperbeinbrechpfad, weil irgendwer Steine der angrenzenden Feldmauern oder so was reingeschmissen hat (laut Brudertypuspaar eine ungeklärte Grundstücksfrage). Chérie zieht hier Ausführungen zur Sache meine Hand vor, auch noch abschüssig ... Unten *an*gekommen, stapfen wir auf einen Liegeplatz zu, sie hat den Rucksack auf, ich hab den indischen Paillettenbeutel mit den Badesachen übergehängt, vor uns eine lange grüne Bucht mit goldenem Sand und türkisem Wasser. Das Türkis ist etwas Überirdisches, eine Farbe nicht von dieser Welt. Als Wasser ist sie flüssiges Licht, kosmisches flüssiges Licht Schnorchler aufblasbare Tiere

Klospülung läuft und lärmt, aber diesmal keine Operation am offenen Schwimmer, wird zur Nacht einfach abgedreht. Dann große Stille im leeren Hotel.

Beobachte spät abends vom Balkone wie die Segelboote, aus der Ferne sieht man sie nur als schwankende rote und grüne Positionslichter, in den port de plaisence einfahren. Unweit davon, im sich zur Straße hinaufziehenden Terassenhang, ein Meeresfriedhof. Die Idee des Heimganges wie der Ausfahrt, ins Offene, war sogleich präsent.

Fast buchstäblich wurde sie einmal auf einem Friedhof der liparischen Insel Salina. Wir traten an den Rand des von Bäumen umschlossenen Ortes und dort gleichsam vor einen dunklen schweren Strom; hinter jedem Grabe allegorische Figuren und Engel – sämtlich zur See gewendet und wie im Auszuge begriffen. Starkes Bild für die *Hingegangenen*. So was bringt nur der Katholizismus hervor.

Ajaccio. Der Hotelier ein Homo (Zimmer etwas puffartig), sind in der Branche häufig. War das schon immer so? Fällt mir jetzt besonders auf, vielleicht früher nicht darauf geachtet.

Im Morgengrauen zum Taxistand; noch kaum Verkehr, und man hört die Brandung von der nahen Uferpromenade. Städte am Saum der Tethys sind begünstigt, erlahmt der städtische Takt, weiten sich, mit der hereinwehenden Brise, die Dimensionen des Raumes und der Zeit.

Bei glasklarem Wetter in großer Höhe Elba überflogen, Felder und Häuser bis in Einzelheiten zu erkennen. Das sieht jetzt auch der Plebs – – Scheint einen Besuch wert ... Wie viele Reisen hat man *nicht* gemacht, obwohl man sie sogar schon vorbereitet hatte, ja Länder bis in die engeren Regionen studierte. Auch das *Nichtgemachte* ist eine Welt für sich.

# 18

Sardinien, August

Cagliari. Erste Streifzüge am Ankunftstage durch die selbst abends noch sehr warme Stadt; Melitta fragt eine ältere Cagliaritanerin nach einem Geschäft, wo Wasser zu finden ist. Statt uns den Weg zu weisen, bittet sie uns nach wenigen Schritten in ihre Parterrewohnung; das spartanische und aus der Fassade des Bürgerhauses nicht zu vermutende hohe Wohnzimmer ist mit großformatigen Schwarzweiß-Photographien dekoriert, wohl privater Natur und kaum eine älter als neunzehnhundertfünfzig. Eilfertig füllte sie meiner Frau ein Glas mit Wasser und gab ihr das Gefäß bei der Verabschiedung gleich mit. Wir wußten gar nicht, wohin mit dem Ding, und warfen es ein paar Straßen weiter in einen Papierkorb.

Im Duomo Santa Maria; einzig von Interesse eine Kapelle mit einem kupfernen Rosenbusch, von dem Photographien (selig gesprochener?) herabhingen. Auch in den Cafés, wie schon zuvor bei der Wunderlichen, eine Vielzahl teils antiquarischer Aufnahmen, als wolle man die Zeit anhalten.

Das Museo Archeologico Nazionale konnten wir erst kurz vor der Rückreise besuchen, doch bestätigten bereits die ersten Eindrücke wie auch die Fahrten ins Innere die Vermutung: Sardinien gehört, wie der korsische Dioskurenbruder, zur lunaren und nicht zur solaren Kultur – Roms. Solche Hirtenkulturen umgibt eine Art Bewußtlosigkeit; hierher gehört ein Gedanke, der einem von Zeit zu Zeit aufsteigt, wie wäre die Welt, wenn niemand mehr da ist, dem sie zu *Bewußt*sein kommt ... ein reines Wirken?

Den größten Raum nehmen Figuren aus der Bronzezeit ein, der Nuraghi; ein unbekanntes Volk, das auf der ganzen Insel schlotartige Wehrtürme hinterließ. Von den Bronzetti wurden im neunzehnten Jahrhundert Falsifikate angefertigt, dreimal größer, ins Phantastische gesteigert, Mehrköpfigkeit, sonderbare Emergenzen ... früher Tolkien.

Aufbruch mit dem Bus ins Landesinnere; je weiter man zur Mitte vordringt, um so geringer wird die Reisegesellschaft. Nach einigen Stunden, kurz vor dem Ziele, plötzlich Feuer am Straßenrand; die Flammen hatten ein Feld bereits völlig verheert und fraßen nun noch die äußersten Streifen ab, so an der Chaussee, wovon gleich starke Hitze ins Innere unseres Gefährtes hereindrang.

Am Ankunftsorte, *Bono*, klärte uns der Wirt der Pension über *die* Feuer auf; Brandrodung für Bauland, künstliche Verknappung von Heu, man wird wohl auch Fehden annehmen können ... Wir dachten belustigt an eine deutsche Fernsehanstalt zurück, welche gerade berichtet hatte, die ungewöhnliche

Hitze dieses Jahr, sei für die Brände verantwortlich ... man glaubt eben, was man sieht.

Zum Dorf hinaus in die Umgebung; auf der hochgelegenen Straße kreuzen wir einen Sarden, der unsere Anwesenheit wenig litt, schien bei etwas unterbrochen. Wir ließen uns davon aber nicht schrecken und setzten den Weg fort. Bald hatten wir eine schöne Aussicht über die Gozeano-Ebene, savannenartig dehnte sich, von verstreuten Eichen bestanden, gelbes Grasland bis zu fernen Hügeln; das war schon beinahe afrikanisch, und noch Maltzan meinte, die Häuser oder besser Hütten seien wie die Nordafrikas gewesen.

Im Orte Aprikosen erworben, hocharomatisch; den Genuß solch wohltätiger Früchte umgibt ein Zauber, hier fiel etwas von der Tafel der Götter herab.

Hinüber nach Burgos, des Castellos aus dem zwölften Jahrhundert wegen, nur noch die Grundmauern übrig; der sonst bebuschte Burgberg von oben bis unten brandschwarz, läßt an Rache denken. Wo Clans und Familien die Geschicke lenken, fällt, als löste sich eine Fessel, sogleich die größere Freiheit auf, doch ist hier, wie in vielen Palmenländern, das Recht mobil. Einem *Jus publicum* wirkt auch die Siedlungsweise entgegen, so sieht man allenthalben weit voneinander abgelegene Dörfer.

Spürte hier lange einer lauten Zikade nach, was erst an einem anderen Orte Erfolg hatte, bei Cicada orni; glaszarte, ganz transparente, schwarzpunktierte Flügel über dem gedrungenen Insektenkörper ... das ist die ungeheure Braut ...

Verließen heute das steinerne Dorf; im Busse ging es zunächst nach Nuoro, wo wir in einen anderen umstiegen, und zwar als einzige Gäste. Fahrt führte teils durch Mondlandschaften, ausgedörrt und verlassen. Dabei fiel uns, wie wir es oft beobachteten, die sonderbare Sitte der Sarden ins Auge, Ortschaften aufzugeben, nach und nach verschwinden sie völlig, und nur die Kirchen werden noch hier und da in Stand gehalten. Überhaupt hat die Insel etwas Greisenhaftes und scheint wie unter der Gewalt Saturns zu stehen. Der Bus befuhr meist leere, doch gute Betonstraßen; unterwegs stieg nur noch ein Bekannter des Conducteurs zu, dessen Loquazität war wie das Singen eines Vogels auf einsamem Baume, zumal, als wir zur Rechten plötzlich einen ungeheuren Cañon zu Seite hatte, den Gola su Gorruppu. Auch dies eine zu den prä- oder hier posthumanen zählenden Landschaften: Tiefe und Ausdehnung ermessen sich am Grunde, den selbst ein stattlicher Hügelboden ausfüllte; im ersten Teile waren noch eingesprengte Dörfer zu erkennen, von Wein- und Feldbau umgeben, doch im Fortfahren ging die Kultur langsam in einen breiten Macchiaabschnitt über, dem endlich undurchdringlicher, dunkler Wald folgte. Merkwürdig jedes Mal, das Widerhallen des Abgrundes in uns, selbst der Cicerone war für einen Moment lang stiller.

Santa Maria Navarrese, am Tyrrhenischen Meere. Dem Bus entsteigend, weht uns tropisch feuchte Luft aus dem umgebenden Marschland an; ein Klima, das mir immer zuträglich, unvermittelt fühlt man eine Art Auftauen, wie es die Insekten beim morgendlichen Sonnenbad über sich ergehen lassen.

Vor den Instruktionen kredenzen uns die großelterlichen Wirte eine Erfrischung auf ihrer Terrasse; die Frau führt meist das Wort, der Mann begnügt sich, in patriarchalischer Strenge, mit kurzen Fragen; so zu unserem letzten Aufenthalt, den er lakonisch kommentierte: „Bono, perché?" Wurde in den Hausgebrauch übernommen.

Im Hinausgehen durch den Flur, wieder die alten Photographien, in den dunklen Augen der ernsten Gesichter ein unergründlicher Blick.

Von unserer Appartementterrasse, im Nebenhause, Sicht auf Bucht und Ort; letzterer befindet sich in einem arbiträren Fortwachsen, wozu die italienische Eigenschaft tritt, die Dinge nicht zu Ende zu bringen. Bewohnte Häuser mit Gardinen, doch ohne Putz, in Rohbauten werden, als Bewachung, Zerberusse gesetzt. Zur Einweisung gehörte diesmal auch die Mülltrennung.

Beizeiten in die Umgebung, der afrikanisch heißen Sonne wegen; ab zehn mußten wir auf unserem Lieblingspfade bereits Pausen einlegen, unter den Johannisbrotbäumen. Weg führte nördlich des Ortes am Rande des Supramonte-Massivs entlang, das hier als gerade hellgraue Kalksteinwand zum Meer hin abfällt. Unterwegs waren Gesteinsbrocken zu überklettern, von denen weiße durchsichtige Kristalle aufwuchsen, wie Früchte, die niemand erntet. Trotz der rotdürren Erde ist alles von schöner Macchia bedeckt, Arbutus und abgeblühte Zistrosen, deren klebrige Blätter einen betörenden Mentholduft ausschwitzen.

Auffällig die sengende Stille hier oben; sie durchbricht, fast als einziges nur, das Flattern der Erdbeerbaumfalter, die wie Fledermäuse über die grellbesonnten Büsche hinjagen. Das scharfe Fluggeräusch ihrer überlangen Flügel ist dabei deutlicher als gewöhnlich und wie am Ohr selbst ausgeführt vernehmbar. Der Effekt wiederholte sich, als ein Kolkrabe den Weg kreuzte, in einer Steigerung, so erstand die *rauschende* Handschwinge auch vor dem inneren Auge, als Synästhesie ... mit der Hitze verfeinert sich der Hörsinn, bis hin zur Bildlichkeit ...

Man fragt sich, wozu die Oberseite bei Charaxes nütze ist, welche vollkommen einem verkohlten Gegenstande ähnlich, ein tiefes Rußbraun, das ein lohgelbes Band randet ... dazu sind die Falter noch angriffslustig ...

Jogger läuft vorbei in Richtung der Villen am Ausgang, wo er aus einer von ihnen zum Frühsport rausgefegt ist ... ... ... stellt sich kurz unter die Dusche, holt sich, das weiße Handtuch um die Hüften, ein Glas O-Saft, spaziert durchs gläserne Wohnzimmer auf die Veranda und sieht unten seinen Wagen entgegenglänzen.

Nachmittags wie immer zum Strande, behagliche Stunden im Schatten der Pinien, von denen herab die „ungeheure Braut" lärmte. Unweit desselben ein Anwesen mit englischem Rasen, in den ein kleiner runder Teich eingeschnitten ist, worin ein echter Schwan kreiste – Idylle von Kunstmärchen.

Zur fortgeschrittenen Stunde gern noch auf die Terrasse, der Ambiance wegen; die Sonne Sardiniens ist, trotz der Temperaturen, schwach, brennt blaß über die Landschaft, die unter ihr regelrecht bleicht; in der

Dunkelheit aber, beim hellweißen Schein Lunas, weben sich feinste Konturen in das Weichbild ein – das wie in unsichtbare Aktivität fällt ... was wir nicht sehen, gibt es nicht ... auch das gehört zu den Täuschungen Selenes ...

Unternahmen eine Fahrt mit dem Boote; dergleichen Touren sind nicht ohne Gewinn und Eindruck; so aus der Ferne das „Auftauchen" des Festlandes aus der Flut ... auch im Gestaltgewordenen lebt Kosmogonie fort ... Besahen nun von unten die Steilküste, auf der wir hingewandert, und welche sich wie eine endlose, trostlose Mauer hinzog; ist aber von ultrahohen Grotten und Muschelsandbuchten durchlöchert, wo Sonnenanbeter/ und oder Freizeitler rumwimmeln.

In der Pizzeria, eine zum Mitnehmen holen, von der Wand platzen Musikvideos runter, schnappen uns zum Warten am Tisch ein Regionalblatt. Darin die Erinnerung an das ungeklärte Verschwinden eines älteren Touristenpaares in den sechziger Jahren, als es noch Banditen gab. Bericht erschließt sich mit den umgebenden Artikeln in ihrer äußersten Aktualität – wie ein Bild im Bild. Solche Stilformen haben ihren eigenen Reiz, es ist ein Gleiten zwischen den Räumen wie in der Zeit, das Leben scheint hier überall und nirgends zu sein. In dem Artikel korrelieren sowohl die ereignisarme Provinzialität, eine im Archaischen verhaftete Gesellschaft, wo die Geschichte nicht zur

Ruhe kommt, und die mediale Nutzung dieser Gegebenheiten.

Wandten uns im Busse wieder der Kapitale zu und streiften dabei einen der vielen breiten Torrenten; trockengefallen und mit Geröll besät, glich er einem orientalischen Garten, der blühenden Oleanderbüsche wegen, die ihn bewuchsen; muß im Frühjahr, wasserführend, zur Oase werden, wie überhaupt die kurze Spanne des *Trachtens* eine Rückkehr lohnte ...

# 17

Sizilien, Mai

Palermo. Man holt uns an der Seite des Doms ab; bärtiger Mittvierziger, freundlich, bringt uns zum Appartement. Alt aber restauriert, mit hohen Wänden, wo das Rustikale, soweit es das Moderne ergänzt, erhalten blieb. Viele Kissen und Bilder, alle zwanzig Minuten zischt ein Luftverbesserer. Der Architekt und Vermieter ist Homo. Im Schlafzimmer schwarzes Eisenbett, bequem, von wo aus der Blick über androgyne Zeichnungen gleitet; erst nach scharfem Zusehen erkennt man statt der Frauen Männer.

In die Stadt hinunter.

Die Daseinslinie hat in Sizilien die Form des Kreises, der alles zu folgen scheint, auch die vergessene Stadt Palermo: So sieht man ergraute Prachtbauten in einer Art anästhetischem Schlafe neben gerade renovierten, aus deren Dächern schon wieder blühendes Unkraut hervor wuchert; die Nacht zum Tage macht das Krähen in der Stadt gehaltener Hähne und das Bellen von in den Straßen umherziehenden herrenlosen Hunden. Nach Art einer Flußlandschaft fließen Palermos Straßen ineinander. Vom Hauptstrome, dem Corso Vittorio Emanuele und dessen Seitenarmen zweigen Kanäle zu den Armenvierteln ab, die wieder auf einen starken Nebenarm mit pompösen Gebäuden treffen, so daß sich das Ganze auf dunkle und rätselhafte Weise *alimentiert*.

Am sonderbarsten von allem jedoch ist die Synkrisis der Stadt, die dem Besucher unserer Tage, aus dem Negativum, vetraut ist; wohin man schaut, die Werke von Musizisten ... Am Corso Vittorio Emanuele ein erster Kontakt mit ihnen; dort erhebt sich wie ein – Wüstenpalast – der Normannendom. Die zinnenbewehrte Außenhaut ist mit arabischen Ornamenten bestickt, im Inneren dagegen dehnt sich eine helle klassizistische Halle mit barocken Kapellen. In der Krypta, Säulen halten ein Kreuzgewölbe, webt die andachtliche Stille romanischer Kirchen; an den Seiten aufgereiht die Sarkophage, darunter ein zum Altar gewandelter des Kosmas, auf dem ein rundes Templerkreuz prangt: Alle Teile füllen Mosaiksteine in gold und rot, lapislazuli und meerblau, so daß das Symbol unter dem hypnotischen Ornament verblaßt ...

Abends lädt uns das Vermieter-Duo auf die Dachterrasse seines Lofts über unserem Studio – überall glimmen Laptops und Halogenlampen –, um uns die Stadt im Abendlicht zu zeigen, die oben ganz anders aussieht: irgendwie gestaucht oder wie in der Schrottpresse zusammengedrückt.

Stadtgänge fortgesetzt; es ist, als reiste man in der Zeit. So kamen wir im Gewirr der Gassen an einer jungen, äußerst abgezehrten Frau vorüber, gleichsam das Elend des neunzehnten Jahrhunderts, ein Junge auf einem schwarzen Kleinpferd hielt, die Reitgerte schwingend, den Verkehr einer Kreuzung an; allerorten trifft man auf Gestalten, wie sie das nördliche Europa kaum mehr kennt, Patriarchen und Dandys, Intellektuelle (bei uns bald nur noch auf dem Theater), Geschäfte*macher* aller Art ... In den Marktstraßen quollen die Stände von teils unbekannten übergroßen Gemüsen und Früchten über, auf den Tischen unzerteilte Schwertfische, schwarze und eisgraue, Fische in den Meeresfarben, ein silbriges Rosa und Hellgrün, deren Schuppen stereoskopisch schimmern ... Die Bilder riefen mir die *Fleurs du mal* ins Gedächtnis ...

Im Supermarkt, der Kassierer gibt mir eine Münze in die Hand, mit angetrocknetem Blut besudelt, wird an den Penner vor der Tür weitergereicht.

Etwas Zauberisches umgibt Sizilien, den halbafrikanischen Monolithen; gibt es das wirklich, was wir da gerade sahen? Die mannigfachen Bilder sind von traumartiger Konsistenz ... Auf dem Wege zu den dorischen Templen Agrigents schoß ein Bienenfresser über die Straße vor unserem Busse und verschwand in der hügeligen, durchgewellten Landschaft aus Gras und grünem Korn ... Gehörte das Türkis tatsächlich zu diesem Vogel ... So geht es einem häufig auf der Reise, man schöpft aus einem Brunnen, dessen Grund man nicht abzuschätzen weiß.

Agrigent, Ausgrabungsstätte. Man versuche einmal, sich die Ebene vorstellen, aus der sich der Höhenrücken mit den griechischen Tempeln erhebt … Zwischenblende rüber zu dem anderen Hügel, auf dem die Altstadt Agrigent sitzt, Hochhäuser blocken jede Sicht drauf … wie sie noch im neunzehnten Jahrhundert aussah. Dort, wo jetzt ein mattes blaßgrünes Gras wächst, rauchte aus unzähligen Schächten der gelbe Dunsthauch der Schwefelminen.

Ernest Renan hat hier gestanden und gemessen, oder sich in die Rillen der Säulen gestellt, Gregorovius, der die ganze Geschichte von Agrigent, ehemals Girgenti, ehemals Akragas erzählt; der Ernst des Ortes hat auf sie gewirkt, aber sie haben auch ein Beben des Herzens gespürt im Angesicht der stucklosen, von Muscheln durchsiebten Tempel unter dem *antiken Himmel* (Maupassant), der sich am Horizont mit dem *antiken Meer* (Flaubert) trifft.

Wir erledigen den Rundgang in der gleichen Zeit wie der japanische Twen und landen, wie auf der Hinfahrt, im gleichen Bus mit dem Girl Richtung Altstadt. Gestern sind wir mit ihm plaudernd unter den Glasboden irgendeiner Kirche gekrabbelt, um uns griechische Mauern anzusehen, heute stiert es weg, wenn wir Hallo sagen wollen.

Taormina. Der Tip mit Taormina war sehr geil. Er kam von dem Eselsohr eines Bibliotheks-Guides über Sizilien, das ein Leser reingeknifft hatte – jeder von uns dachte, es war der andere, hi, hi … Die meisten

Menschen kommen sicherlich nach Taormina wegen seiner Aussichten, und tatsächlich hat man von der Stadt, errichtet auf einem steil aufragenden, von Gartengrün umhüllten und einem angenehmen Zephyrwind umwehten Fels einen wohltuenden Blick zur nicht minder vegetabilen Bucht mit ihrem glatten Spiegel oder durch die halbzerstörte Bühnenwand des antiken Theaters auf den Ätna – gleichwohl ist es gerade die Versehrtheit des romantischen Gemäuers, welche uns zu dem schönen Prospekt verhilft. Es geht uns hier wie fast unser ganzes Leben lang, das sich, obgleich völlig den Gesetzen der Materie unterworfen, auf sonderliche Weise unkörperlich vollzieht … Wie viele Menschen haben wir kennen gelernt und nicht mehr als ihre Hand geschüttelt, obwohl wir vielleicht Jahre mit ihnen verkehrten, wie viele Landschaften durchstreift, die nur unsere Sohle berührt hat …

Messina, Fastboot-Anleger: Unter der überdachten Halle ein Narco aus Südamerika, jung, schlank mit leichtem Gepäck und Dauerkarte für Salina, wo er noch nie war, weil ihm hier alles komplett neu ist. Abfahrt. Wir setzen die Sonnenbrille auf, die alles ins Sepialicht taucht und brettern der Nachmittagssonne entgegen. Drei braune Delphine mouven halb aus dem Wasser, bewegen sich wie im Seegang, ein Super-Omen für die nächsten Tage.

Salina. Den Reisenden, der mit der Fähre am Hauptort der Insel, Santa Marina, anlegt, empfängt ein kleiner sauberer Platz mit einer hübschen gelben Kirche; etwas weiter gewahrt man eine Kuppelkirche, was, zusammen mit den kastenförmigen, hell gestrichenen Häusern des Ortes, unvermutet hellenistische Landschaften heraufruft. Als uns die Wirtin, jugendlich-mittleren Alters und von burschikoser Herzlichkeit, im Wagen zu unserer Behausung fährt, sind wir mehr als entzückt.

Das flache Häuschen, dessen Terrasse nach der Ortssitte ein Strohdach überspannt, ist in die Anhöhe eines zusammengesackten Vulkans, wie ja das ganze Eiland aus erloschenen Vulkanen besteht, gesetzt. Umgeben von wilden Gärten, schaut man von dem aufgehobenen Sitze wie von der Brücke eines Schiffes den fertilen Hügel hinab, über den Hafen hinweg rechts hinüber zum grünen Lipari und linkerhand, ferner, zum im Dunst gräulich werdenden Stromboli, der regelmäßig seine Rauchwolken in den Himmel entsendet. Da das Meer meist glatt ist, glaubt man auf einen breiten inselbesetzten See hinauszusehen.

Am ersten Morgen, gerade schickte die Sonne ihre rosigen Strahlen über das Meer, erwachte ich plötzlich durch einen ungeheuren Lärm, Ursache war der gellende Gesang unzähliger, sich in den Gärten tummelnder Vögel, worunter der gelbgraue Girlitz mit seinem anhaltenden lärchenähnlichen Lied uns fast zuviel der Freude tat.

Wie es immer die Phantasie und Neugier des Reisenden beschäftigt, wenn er sich in hügeligem

Gelände aufhält, so konnte auch ich es kaum abwarten zu erfahren, wie es hinter den vor uns liegenden Erhebungen beschaffen war. Die Tage waren deshalb von verschiedenen Fahrten ins Inselinnere, die wir in einem kleinen Linienbus unternahmen, ausgefüllt. Wie verschiedenartig das Erscheinungsbild der Vulkanmassen ist, abhängig von ihrer mineralischen Zusammensetzung und der Lage, zeigte sich schon an unserem Hausberg. Während dieser im Bereich um unsere Wohnung die verschiedensten Fruchtbäume, darunter Mandel und Mispel, aufwachsen ließ, zeigte er nur wenige Kilometer entfernt ein ganz anderes Gesicht.

Wir unternahmen den Aufstieg an einer noch unbekannten Flanke auf einem von hohen Feigenkakteen gesäumten Pfad, dem über weite Strecken ein hölzernes Geländer zur Seite gegeben war, da er, wie der gesamte Teil des Berges, aus kieselgroßer graubrauner Lava bestand und entsprechend rutschig war. Nur lose Gruppen von Pflanzen vermochten Leben in den Hügel zu senken, darunter eine hohe schirmartige Wolfsmilch, mit blaustichigen Blättern und chlorgelben Blüten, im Verblühen ein herbstliches Orange annehmend. Daß Vulkanlandschaften ihre eruptive Herkunft, selbst wo die Ausbrüche in fernen Perioden zurückliegen, nur schwerlich verbergen, offenbaren ihre gewaltsamen von den gewachsenen und gefalteten Massiven so verschiedenen Formen.

Wie sonderbar erschien uns etwa der Anblick des Dorfes Polara am Boden eines Kraters; dessen ans Meer grenzende Wand war, dabei eine hohe

Bruchkante oder Steilküste hinterlassend, vor langer Zeit ins Meer gestürzt. In Serpentinen fuhr der Bus langsam in die ungeheure Caldera hinab, völlig in ein mattes Silber gekleidet, dem Blattschmuck von Levkojen, Ölbäumen und einem gewaltigen Wermut entstammend. Weitgehend entvölkert, sah man noch hier und da gepflegte Felder, dort gedeihen im Schutze der Hänge, auf ihren kapitalen Stöcken, neben Kapern die Trauben des harzgelben Malvasiers.

Eines späten Abends noch mal vor unsere Cabane; leichter Wind, doch hört man bloß ein leises Rascheln. Dem mediterranen Raume fehlt, was dem Norden eine Grundmelodie, das Rauschen, wie es durch Baumriesen wie Eiche und Esche und Buche geht ...

Gegenüber, im Schwarz, Lipari; einzelne Autos schrauben sich über die Hochstraßen, dabei ihre Lichtkegel ins Dunkel vorschiebend. Auch das eine Analogie zum Dasein ... so gleicht die Gegenwart einer Lampe, mit der wir uns voranleuchten, was hinter dem Kegel liegt, fällt sogleich wieder in Dunkelheit, was davor ist, vermag er nicht zu erfassen, es bleibt ein Tappen ...

Zu den Ausnahmen gehört der mantische Traum, er wirft ein Streiflicht in die Zukunft. So las ich, domi nostrae, den Zwölfnächte-Traum für Mai wieder und fand das Ziel nicht schlecht getroffen:

Öffne mit Chérie ein Holztor zu einem erhöhten Dorfplatz, von wo aus der Blick auf Strand und Meer freigegeben ist; unten tobendes türkises

Wasser, in das schreiende Albatrosse hinabstürzen. Dann ist plötzlich alle Bewegung daraus entschwunden; eine schwarzweiße Katze taucht neben uns auf, fängt im Augenblick eine Schwalbe und trägt sie im Maul davon. „Arme kleine Schwalbe, da hast du nicht aufgepaßt", sage ich, worauf mich die Katze treuherzig ansieht. Wenig später läßt sich indes ein libellengroßes Schwälbchen für Sekunden auf meiner Hand nieder und entschwirrt.

Was an solchen Träumen überrascht, ist nicht allein die Präzision mancher Orte, sondern auch die Aussicht auf unser in die Zeit gelegtes Potenzial, wie hier das Glück.

# 16

Andros, Griechenland (Mai)

Man glaubt, ein Bild zu betreten oder sich in einer Schäferdichtung wiederzufinden, beim Anblick der Täler von Andros, der ersten Insel des Kykladenarchipeles. Der Landschaftskreis ist vorgebildet, weshalb es nur geringer Eingriffe bedurfte, ihn von der Wildheit in die Kultur zu führen; so blieb ihm einerseits die Natürlichkeit, wie ihm ein Hang zur Allegorie eigen ist ... der Hain, der stille Wasserlauf mit seinem Rohr, der Wiesengrund.

Stenies. Typisch auch hier, wie überhaupt gängig im Süden, das Fehlen eigentlicher Gärten, welche am Haus angebaute Nutzpflanzen vertreten. Ein solcher Fruchtgarten erstreckte sich auch unter dem Hause des einstigen Schiffskapitäns, unseres Gastwirtes, das, vom eigentlichen Dorf etwas entfernt, in die obere Seite des Talkessels gefügt war. Ein fertiles Gewebe bildend, schoben sich die Zweige von Aprikosen-, Orangen-, Zitronen- und Quittenbäumen ineinander, die Granatapfel, Wein und Jasmin durchwirkten und überwuchsen. Letzterer verströmt in der Nähe einen betäubend starken Duft, welcher in der Entfernung –

verfliegend – erst seinen Nuancenreichtum entfaltet; da er recht weite Strecken zurücklegt, entsteht zudem der Eindruck, als habe sich der Strauch solcherart die Fähigkeit zur Bewegung verschafft.

In dem amphirunden Tal, das mit dem Meer, ein Aquamarin in grünem Futteral, abschloß, fiel gleich die arkadische Stille auf. Bald lag es in pastoraler Ruhe da: Vom Weidegrund schallten Kuhglocken herauf, von den Hängen hallte das Meckern der Ziegen wieder, und dazwischen ertönte der helle regelmäßige Glockenklang der Kirche von Stenies; bald senkte sich der Kessel in Naturstille: Dann erfüllte ihn das Zirpen der Heuschrecken und der Gesang der Vögel, deren Laute das laubreiche Hohl wie der Resonanzkörper eines Instrumentes verstärkte.

Als habe die Natur nur begrenzten Raum zur Verfügung gehabt, schien sie gleichsam genötigt, alles in großer Dichte unterzubringen, was für ausgeglichene, anthropometrische Formen sorgte. Daher auch das Gefühl in einem Gewächshaus zu sitzen: Leuchtete morgens die Sonne vom Meer in den Kessel, dann wie durch ein Fenster, während am Abend das aufglänzende Goldlicht funkelnd in der schwarzsamtenen Zypressenwand einsank, welche, als Windschutz, das Tal zur See hin abschirmte. Nachts wölbte sich das Firmament wie eine Schale über die Hangkämme, hinter denen die Welt hätte zu Ende sein können.

Vom Dorf, im Talrücken als ein enges weißes Labyrinth sitzend, verläuft ein Halbkreis fruchtbarer Hangseiten. Die meisten der inzwischen aufgegeben Terrassen sind fast wieder im Boden versunken (der Esel hat ausgedient); an einer Stelle vertiefte sich jedoch der von Thymian und Zistrosen überzogene Hang – ein Blick wie in längst vergangene belebte Tage: Auf den Terrassen, die Stützmauern unzugängliche Riesenstufen aus dunkelgrünem Schiefer, ein alter schattenreicher Plantagenwald, Maulbeer, gewundene Ölbäume, Zypressen, zwischen denen hier und da Oleander ihre Zweige mit rosafarbenen Blüten herabbeugten.

Etwas von uralter Zeit webte auch an einem anderen Orte fort. Zwischen der Straße am Ufer und der Zypressenwand liegt ein länglicher Teich, von baumhohem Rohr und Erlen umschattet. In die Stille eintretend, erlege ich auch meiner Frau Geräuschlosigkeit auf. – Am Wasser findet sich das Leben ein. Der ersten Bewegung im braunen, aber klaren Wasser folgend, entdecken wir eine – Sumpfschildkröte. Das ist also der ehrwürdige Herr im Hause. In den Schildkröten ist noch die Idee lebendig, daß nicht nur die Erde trägt, sondern (wie jene ihren Schild) sie selbst gestützt werden muß. Somit sind sie Teil des Weltanfangs und zählen zu den Urtieren; auch ihre Nähe zur Musik, Hermes schuf aus ihrem Panzer die Lyra, gehört hierher, soll doch Gesang der Sprache vorausgegangen sein und ist vielen Tieren noch einzig zur Verständigung eigen.

Der See hat Brackwasser. Bei Wellengang kommt, unter der schmalen Brücke hindurch, Meerwasser hinein, sonst speist ihn ein das Tal querendes Flüsschen. Quelle und Meer stehen über den, bisweilen überlaufenden, See in Verbindung – muß man sich so die geheime Korrespondenz von Logos (Bewußtsein) und Morpheus denken? Dann wäre der Traum ein unergründliches Meer, das den Zustrom des Tages aufnimmt, aber die Dinge in sonderbarer Zusammensetzung wieder abgibt. Doch geschieht dies bei aller, fast biokombinatorischer, Mannigfaltigkeit nie willkürlich, worauf die erstaunliche Konstanz der Symbole hinweist. Daß denselben in der Tagwelt oft keine Bedeutung mehr zukommt, ja sie nicht einmal mehr verstanden werden, deutet auf ihr hohes Alter hin. – Der Traum arbeitet demnach mit seinen eigenen, archaischen Werkzeugen.

Morpheus – der Vielgestaltige. Erscheint er uns in Tieren, sind die Begegnungen antagonistisch – oder wir treten in *ihre* Welt, die der Instinkte. Verwundert bemerken wir ihre Zahmheit, kaum kehren sie sich an uns, man ist ja unter sich. Der Annäherung muß eine Reduktion des Bewußtseins, selbst im Traume noch, vorangehen ...

Ausflug ins Messaria-Tal, nach Menites. Eine Zugangsstraße führt direkt auf den Hauptweg des Dorfes, wo wir uns unvermerkt im oberen Teil eines hohen Terrassenhanges wiederfinden: über und unter uns, sich weit hinabstreckend, das dichte Grün von Plantagengärten. Ein Netz im Pflanzendickicht verborgener Treppen leitet zu den – unverschlossenen – Häusern der Bewohner; außer dem Popen, halbstündig die Glocke ziehend, ist von denselben kaum etwas zu sehen, was indes den Eindruck der Überfülle und des Wohlbestellten noch vermehrte – Pomona weilt am Ort.

Besonderes freigebig ist Andros mit Quellen, von deren Heilkräften viel die Rede ist. In Menites sind Hauptweg und Ortsmittelpunkt gleich einer von Arethusas Schwestern gewidmet, wo aus der von Efeu und Feige beschatteten Felswand das Labsal aussprudelt – durch marmorne Löwenköpfe.

War dieser Platz die Vorlage für „Das Bacchanal der Andrier" Tizians, sich dabei auf Philostratos' Eikones stützend? – unser Gastwirt hielt dies für wahrscheinlich. Daß im Bilde die Quelle fehlt – der Hintergrund, vor dem sich die Begeisterten ergehen, wird nicht gezeigt – erschwert die Zuordnung, aber macht deren Vorhandensein (vielleicht sogar die von Menites) um so glaubhafter. Wenn Bacchus zu seinen Festen Quellwasser in Wein verwandelte, gehört das zu den *Mysterien*. Auch Tizian tastet sie nicht an.

Verproviantiert mit Wasser, erklimmen wir über die Treppen das Hangdorf. Auf der nächsten Ebene die Kirche, blendend weiß, darin Heilige im Halbrelief mit silbernen Händen und Füßen – sich materialisierend ... darüber ein sonniger Weg mit schönem Ausblick. Am Rande meterhohes Rutenkraut; herbeigelockt von den wachsgelben Dolden Scharen metallgrüner Rosenkäfer. Das Aufsitzen von Käfern auf Blüten hat eine ambivalente Wirkung. Zwei Ordnungen von Schönheit sind hier verbunden, die sich auszuschließen scheinen: Das transparente Blütenblatt nimmt das Sonnenlicht auf, leitet es hindurch, die Flügeldecken der Käfer werfen es zurück. Sodann die Divergenz zwischen der passiven Pflanze mit ihren zarten Organen und den Insekten im Exoskelett – deren Rüstung den Lebenskampf frei beweglicher Individuen in Erinnerung ruft.

Der Genuß des Bildes stellt sich erst durch die Abstraktion ein, daß Bestäuber und Bestäubter, oft in direkter Abhängigkeit stehend, zusammen angetroffen werden – vor uns ein Mandala der Vollständigkeit aufgefaltet ist.

Die Verschiedenfarbigkeit einzelner Käfer der gleichen Art, wie bei den Rosenkäfern, wirkt sich auf deren Habitus aus. So gibt es neben rein grünen Exemplaren solche, wo der Hinterleib goldgrün, kupferrosa dagegen das Halsschild glänzt; wieder andere zeigen einen zum Schwarzbraun hin angelaufenen Bronzeton, so daß die Tiere – dazu das metallische Brummen beim Fliegen – wie aus Vollmetall gemacht scheinen. Diese Variabilität im Kolorit haben die Insekten mit den Pilzen gemein, mit denen sie auch das Material ihrer Stützzellen teilen, Chitin.

Auch die Blütenblätter verschiedener Pflanzen und Pilzhüte nehmen, wie sie an Wasser und Geschmeidigkeit verlieren, im Alter einen Bronzeton an. Das rückt sie optisch in die Nähe der unbelebten Materie, etwa der Erze, und kündigt bereits die Überführung der Energie in einen anderen Zustand an.

Öfter das Tal besuchend und vor unserem Fenster (auf Augenhöhe) kreisend, ein Rötelfalke. Sein lateinischer Name, Falco naumanni, ehrt den Ornithologen Johann Friedrich Naumann, der aus Anhalt fast nie herauskam, und dessen Name nun diesem südlichen Greifen beigegeben ist. Solche Benennungen haben oft etwas von einer Translation – bis hin zur Idee der Seelenwanderung, wie bei den Schmetterlingen, denen Linné die Namen antiker Heroen und Zeitgenossen gab. In Iphiclides podalirius erhielt sich ein Halbbruder des Herakles (oder Sohn des Thestius), ein prächtiger Segelfalter, der, wie mit Fächern schwingend, aufrecht in der Luft zu stehen vermag; über die Büsche gleiten sieht man, zitronengelb, die Vorderflügel ziert ein apfelsinenfarbener Fleck, Gonepteryx *cleopatra* ... Treffend, hier im Pflanzenreich, auch die Designation eines jugendliche Tugend evozierenden Knabenkrautes, Orchis sancta: Helm und Lippe von blühend rosanem Inkarnat und wie mit einem feinen Silberpuder behaucht, so wächst es an den Grashängen hervor.

# 15

Côte d'Azur, August

In einem *universellen* Akte faßt die biologische
Systematik alles Lebendige zusammen; ein
Ordnungsprinzip, das sowohl auf Einheit wie auf
Mannigfaltigkeit gründet. Zwischen den Familien,
Gattungen und Reichen verlaufen die Nahtstellen, von
dort tun sich Welten auf – was Organismen teilen
oder trennt, hebt sich nun heraus.

Ein schönes Exempel davon bot sich bei einem
Aufenthalte an der Côte d'Azur, an die meine Frau
und ich eingeladen waren; inmitten sanfter, von
Korkeichen bestandener Hügel das provenzalische
Haus, fernab, als leuchtender Fleck, la mar … Die
Umgegend war reich an kleinen Fangschreckenarten,
darunter Ameles decolor, welche mir die Stufungen
der Organismen in Erinnerung rief. Die Art tat es mir
mit ihrem Verhaltensmuster an; fand sie sich einer
Bedrohung durch etwas größeres als sie selbst
ausgesetzt und zum Ausweichen genötigt, verblieb der
sonst agile Kopf starr zum Rumpf; machte sich der
Beobachter indes durch längere Unbeweglichkeit
gleichsam unsichtbar, regte ihn das, der Taster wegen
einem Teufelchen ähnliche Tier ganz so, als wäre in
ein hölzernes Püppchen Leben gefahren. Halb
ungläubig staunt man, wie es nun in die Welt der
Insekten hinabgeht – ein winziges Quadrat leicht zu

zerstreuender Lebenswirklichkeit ... Zu solchen Transitionen gehört auch die Mimese; so war das Insekt stets fahlgelb, wenn es auf ausgedörrtem Grase, aber graubraun, sobald es auf Holz sitzend angetroffen wurde; dergleichen Adaptionen machen einen Grundzug der Natur *sichtbar*, ihre osmotische Seite ...

An dieses Tier mußte ich denken, wir saßen eines Nachts mit den französischen Freunden vor dem Haus, und irgendwer hatte das Gespräch auf die Begriffe gut und böse gebracht. Der Cousin der Gastgeberin (Szenarist) eröffnete mit der Behauptung, an das Böse in wirklicher Gestalt zu glauben, die Gastgeberin erregte sich über das Böse in den Partnerschaften (sie hatte sich gerade getrennt) und schließlich brummte ein Humanmediziner (Herzchirug) etwas von den Schuldgefühlen ganzer Völker. Chérie machte ein paar eingestreute Bemerkungen. Ich zog (für mich) in Erwägung, daß die Dunkelheit, in der auch die Natur lag und die sich um das Licht des Hauses zog, für das Thema verantwortlich war. Dann driftete ich, unfähig etwas beitragen zu können, was vermutlich am Alkohol lag, den ich nicht getrunken hatte und der zu einem rasendschnellen Umlauf der Argumente führte, zu den Fangheuschrecken ab, die ich am Morgen beobachtet hatte, ein paar Schritte entfernt ...

# 14

Das Reisen ist eine Art Tür, durch
welche man die bekannte Welt
verläßt, um in eine unerforschte
vorzudringen, die einem Traum
gleicht.

G. d. Maupassant, „Au Soleil"

Avignon, Dezember

Paris. *Auf der Flucht; man ist mir in einem Hügellande auf*
*den Fersen; nutze als Versteck ein Landhaus, darin ein*
*aquatischer Garten mit aromatischen, halb untergetauchten*
*Pflanzen.* Den Zwölfnächte-Traum für Januar notiert und
ab mit Schatz zur Gare de Lyon ...

TGV rast in die morgendliche Dunkelheit wie in einen
Tunnel, durch den er sich langsam ins Licht vorarbeitet;
fährt schnurgerade im Rhonetal hinunter, rechts und

links Hügelketten, Kraftwerke, Felder, Kraftwerke, wieder Felder, Gewerbegebiete, Kiefern auf nacktem Fels. Im Vierersitz gegenüber und links verteilt sich eine Family. Alternativ und vulgär, aber er liest den Figaro. Maman meint zu ihrem Zehnjährigen, es stinkt, versnobt sind sie auch noch? Langsam löst die Dunkelheit ein klarer Morgen ab. Der Garçon latscht mir dauernd auf die Schuhe … die ich mir jetzt mal begutachte … Es ist Kacke drauf. Sie klebte an meinem Schuh und an meinem Rollkoffer. Und sie paßte weder zu dem taubenblauen Velurteppich, den getönten Scheiben, die alles dahinter wie in Plastik verpackt, noch zum geräuschlosen Speed. Und dennoch fuhr sie mit. Die Hundescheiße aus Paris war auf Reisen gegangen. Es gibt Leute, die leiten daraus gleich ein ganzes Weltbild ab, hier die Wahrheit, da der Schein, wie die Ökos vor mir. Aber was solls – durch die Umstände hatten wir uns sogar angenähert.

Avignon. Vor dem Bahnhof schnappte ich mir die kleine Wasserflasche und den Figaro und schabte schon mal ein bißchen rum; der erste Auftritt war etwas vermasselt, aber er bot mir auch eine Chance, nämlich einen *Neuanfang* (wovon man ja gar nicht genug bekommen kann).

Ungleich gelöster und für alles offen schritt ich kurz darauf die Hoteltreppe mit den roten Läufern und den alten Theaterplakaten an den Wänden, die noch in guter alter Grafiktradition angefertigt worden waren, zum Ausgang hinab.

Fürs erste haben wir nichts Besonderes vor, nur Erkundungsgänge; Chérie kennt Avignon schon – und zeigt mir alles, auch gleich mal im Vorbeigehen den Papstpalast, ziemlich … heavy. Später kommen wir durch die *Färberstraße*, wo sich noch die Räder in dem Kanalwasser drehen. Die Bretter sind mit langfaserigem Moos überwachsen, und es ist ein ununterbrochenes Tropfen, wie in einer Tropfsteinhöhle zu hören. Überhaupt erstaunt die Anwesenheit von so viel Moos in der Stadt, die im Sommer so heiß ist. An der Kirche St. Didier steigt es pilasterartig in mehreren Streifen zu voller Kirchenhöhe auf, im Kreuzgang des Cloître des Carmes sind die ins Geviert ragenden Drolerien auf dem Rücken, als trügen sie einen Pelz, ganz mit dichtem Moos überzogen. Liegt es an der Nähe zum Fluß, am Mistral, der regelmäßig alles erfrischt …

Die Stadt ist so was von labyrinthisch, ein Netz aus schmalen langen krummen Sträßchen, wo man leicht vollkommen den Überblick verlieren kann, oder vielmehr gar nicht erst bekommt – aber im Grunde braucht man einfach nur immer weiter zu gehen, und schon ist man wieder an der Stadtmauer angekommen, sie ist vollständig erhalten, ringsum.

Abend. Also irgendwo müssen wir falsch abgebogen sein, oder dran vorbei oder was, jedenfalls sind wir keinem von den … *provenzalischen* … Restaurants begegnet, worauf uns grad zufällig der Bauch stand; tja, sah ganz so aus, als würden sie das Lokal-Kolorit (ha, ha

…) hier nicht mehr vermarkten. Sense. Und was sagt der Guide? – Tapas, das Tapas-Restaurant. Na schön, auch gut … kleine Portiönchen, *Riesen*auswahl … und die dunkelhaarige dralle Kellnerin auch noch mit ordentlich Holz vor der Hütte … ein bißchen provenzalisch wurde es dann doch noch, als sie mir, nach Landessitte, beim Servieren immer das Tablett in die Schulter rammte, rein zum Flirt …

Februar. *Spiele mit zwei schwarzen Wölfen, einer davon ist mein Bruder; er kommt fortwährend zu mir gelaufen, dann schiebe ich ihn mit Schwung wieder weg.* Im Swingerclub. Auf dem Boden eine Frau, missionarisch penetriert. Als ich hinzutrete, geht der Typ weg; ich leg mich auf die Frau, kurze blonde Haare, dunkelroter Lippenstift, doch statt in sie einzudringen, küssen wir uns nur – aus einem plötzlichen Gefühl der Verliebtheit heraus.

Morgens in den Papstpalast, über den nichts weiter zu berichten ist, alles kaputt, außer ein schönes blaues Zimmer, *Das Gemach des Papstes*, über und über mit Eichen- und Weinranken bemalt. Dekorationen, die man sich eher auf einem Teller oder einer Tages-Decke vorstellen kann. Oder? Der Papstpalast ist ramponiert; Burgfeste gewaltigen Ausmaßes, Wände hoch und weitgehend fensterlos, frühes Hochhaus. Zur Revolution ausgeweidet und Ort von Gemetzeln, fast nur noch kahle und leere Hallen. Wo Wandmalereien und Skulpturen persistierten, sind sie von Ikonoklasten entstellt. Im Ehrenhof des Palais des

Papes finden jährlich Theateraufführungen statt, doch ist hierin weniger ein Zeichen der Profanation zu sehen, als damit etwas über den Rang des Schauspielers unserer Tage ausgesagt ist, der eine in der Geschichte ungekannte Präsenz zeigt. Für Nietzsche der Inbegriff alles Unechten.

Im Museumsshop, durch den wir kommen, bevor wir den Ausgang erreichen, erstehe ich die Papstpalast-Broschüre, was ich mir angewöhnt habe, weil man ja hinterher gleich wieder alles vergißt.

Schnabulieren was an der Place de l'Horloge in einem Café; Metalldeko, die Boxen geben ihr Bestes; Personal wie Zuhälter/ Nutten, fließende Übergänge/ Zweitjobs …?, unser Kellner ist aber Homo, als er mir rausgibt, kriegt er noch eine Handkuschelei hin, verdammte Schwuletten ….

März. *Entstaube mit den Fingern vorsichtig und gewissenhaft ein braunes Pferd.*
Wir hatten immer supercoole Frühstücke; jeden Morgen kam der Hotelier bis zu uns ins Oberstübchen rauf – mit dem schweren Tablett, so daß wir ihn immer schon schnaufen und stampfen hörten, aber er war (oder blieb) trotzdem supernett, und die Sachen, mit denen wir das Bett vollgekrümelt haben (war nachmittags wieder picobello) waren wirklich superlecker … Croissants, Baguettes, dazu frischen Tee und O-Saft … So gestärkt (oder gemästet) waren wir für den halben Tag versorgt … außer („…"), der ja immer Hunger hat, aber für den

haben wir ja immer einen kleinen Doggy bag mit … von wegen Blutzuckerspiegel …

Mit dem Regio in zwanzig Minuten – Winterlandschaft, ohne Schnee, und ohne Blätter auch – rüber nach Arles … eine Zeitdauer, in der's in den endlosen Metroschächten von Paris nur von einem Bezirk in den nächsten geht … und dort ist auch Lumba, die Afrikanerin mittleren Alters, gerade quillt sie mit einer Riesenmasse Menschen aus dem Abteil raus und läuft nun an den Werbeplakaten für Mobiltelefone, die neue „Speeed"-Eis-Revue und für den Marokko-Trip (… „Das Land, das ihn Ihnen reist" …) vorbei, auf denen junge Antikapitalisten mit Markern immer gegen die Reklame ätzen, weil sie uns das Gehirn wäscht; Lumba spaziert in Allerseelenruhe (um nicht zu sagen Arschruhe) und kerzengerade, als hätte sie einen Krug über ihrem Boubou durch die Gänge, während um sie rum ein Mordsgedränge ist; aber das ist ihr egal, sie weiß gar nicht, warum die Leute so rumflitzen, nämlich daß sie einfach nur versuchen, voneinander wegzukommen, und es natürlich auch ein bißchen eilig haben … aber lassen wir Lumba ihrer Wege gehen …

Arles. Ohne Verzug zur Arena, die immer weniger einer Ruine gleicht, die man sich im Geist ergänzen muß, als einer Rekonstruktion; überall sind helle Sandsteinblöcke eingeschoben. In den alten Quadern wieder große weiße porzellanartige Muscheln, ganz intakt, ohne Risse und Brüche. Anschließend essen, am Platz. Durchdesigntes Café, farblich auf lila, schwarz und silber abgestimmt. Eckige Riesen-Teller, das Dressing kommt aus Aluminium-Sprayflaschen, für den Salat unter dem halben erwärmten Camembert. Vorm Fenster, halbschräg, schwarze Gaze-Vorhänge, dahinter, in einem Ring von Häusern umschlossen, das Amphitheater, wie ein gestrandetes Schiff aufragend, panem et circenses ... Gleich hinter der Arena noch ein antikes Theater, einige aufrecht stehende Säulen, ein rotmarmorierter Fußboden, schöne Trümmer, ein Mann in Akanthusranken, ein Delphin ...

Das war jetzt das vierte antike Theater dieses Jahr; zuvor schon das von Taormina (Traumblick) und Cagliari, wo wir aber grad nicht reinkonnten, weil sie ein Open-Air-Konzert drin aufbauten; dort fanden mal die römischen Spiele (das *echte* Theater) statt, Maltzan soll sogar noch die Ringe für die Tiere gesehen haben ...

Avignon. Abends, da wir nicht den Wunsch verspüren, wieder in das Tapaslokal zu gehen, obwohl es wirklich das beste bezahlbare Restaurant hier war, sind wir an der Place de l'Horloge in eine Pizzeria – Take away. Beim Warten seh ich mich um, es dauert schon ein Weilchen, ein XL-Fernseher mit Fußball läuft, ein paar Typen hängen ab, Bahnhofslokalstimmung.


April, kein Traum; das Schicksal schreibt ... mit unsichtbarer Tinte ...

Avignon gegenüber seine Antistadt Villeneuve lès Avignon, getrennt vom zur Hälfte niedergebrochenen Pont d'Avignon. Um die Stadt welliges Land mit dichter Vegetation, im Zentrum eine angenehme Kirche; im Innern überrascht sogleich der Sinn für die Maße – das Riesenhafte der Kathedralen auf intime Größe reduziert. Dem Kulturreligiösen geht heute kein Gebet mehr ab; er gerät hier genau so ins Stocken, wie bei der Sprechprobe für das Mikrophon. Das kleine gotische Bauwerk aber löste auf wundersame Weise den Bann – das Gebet ist nur Gedankenfluß ...

Am Fuße einer Burg, der Eingang zur Stadt, das Karthäuserkloster; Analogie zu antiken, mutilierten, Ruinen, Gänge und Zellen zum Teil nachgemauert, der Fresken und des Mobiliars entblößt, nur noch Weltabgewandheit, keine Ekstasis mehr. (Auf einer Photographie von 1903: die letzten Mönche verlassen, in einem Spalier von Polizisten und Gendarmen, die Chartreuse.) Ein dunkles Labyrinth, hinter uns schleicht eine Familie her, alle sind still und sprechen leise, wie in einem Folterkeller.

Erhalten blieb ein, gewaltiges, Andachtsbild Charontons, „Krönung der Jungfrau", wurde zum Meditieren benutzt; jetzt im Musée Pierre de Luxembourg, auch am Ort. Museum war aber heute geschlossen.

Vorm Schlafengehen mach ich mal den Fernseher an und bleib bei einem Trickfilm hängen; alles supergrün, ein Dschungel, wo grad ein Raubsaurier-Baby verloren ging, das eine Affenfamilie findet. Der Vater will es gleich von einem Baum runterwerfen, der Sohn will es behalten. Eine Pattsituation. Die Affenmeute ist gespalten, wer hat Recht? Der Vater, der glaubt, wenn das Raubsaurier-Baby groß ist, wird es die Affen fressen, oder der Sohn, der glaubt, wenn sie es behalten und zähmen, sind sie die Herren der Welt? Chérie reißt mich aus der Paläoanimation, weil ihr der Fernseher auf die Nerven geht ...; ein Blick aus dem Fenster, so vorm Lichtausmachen, könnte nicht schaden, vor jeder Boutique steht ein leuchtender Plastikweihnachtsbaum, alle völlig gleich, wohl ein Sponsoring.


Mai ... wieder ohne Fang.

Noch mal nach Villeneuve wegen des Bildes. Meine Frau und ich waren die einzigen Besucher; eine junge Dame versah die Saalwache und folgte uns diskret in alle Räume. Die Sorgfalt bei der Obacht war schon im Petit Palais von Avignon auffällig, ein besorgtes Hüten der Schätze (in Paris nickt die Garde auf Stühlen ein.) Besonderheit des Bildes, Einheit von Vater und Sohn wird durch Verdoppelung Jesu (rechts und links Marias) bewerkstelligt. Das Unternehmen hat etwas Technisches, als kämen unsichtbare Spiegel zum Einsatz. Sonst fasziniert wie immer die Präzisionsoptik des niederländischen Stils. In Schichten aufgeblättert, oben auf Goldgrund, die göttliche Zeremonie, dann von skizzengleichen Engeln bewohnt, ein meerblauer Raum, die von einer festen Wolkendecke umschlossene grüne Erde, unter der eine schmale Höllen- und Fegefeuerschicht lodert ...

Merkwürdig an dem Charonton-Gemälde auch die Hauptperson, Maria, verschwindet darin irgendwie. Das Bild ist ein Auftragswerk, es gab genaue

Vorgaben für die Komposition; vielleicht ist hier ein Übermaß an Symmetrie am Werk, welches die Einzelheiten einebnet, oder es ist die Neutralität des Epiphanen, die so oft christlichen Gottesdarstellungen anhaftet, jedenfalls muß man der Gottesmutter besondere Aufmerksamkeit schenken, und auch dann bleibt sie blaß, um sie überhaupt zu bemerken.

Wieder draußen auf einmal laue Luft, der Himmel dunkelblau und flirrend, wie leicht siedend, ein Landstrich, aus dem sich der Frühling wohl nie ganz zurückzieht. Wie anders dagegen, ging mir durch den Kopf, mein Besuch im Oktober in Koppenbrück, zum Geburtstag meiner Mutter. Obwohl die Landschaft noch grün war, war die Luft kalt und dermaßen diesig, daß meine Eltern und ich die Unmenge Zugvögel, Kraniche und Gänse, die aus dem Dunst riefen und die ganze Ebene mit ihrem Trompeten und Gaag erfüllten, erst als sie begannen uns zu überfliegen, sahen. Von Ferne hörte man einzelne Flintenschüsse der Jäger, und ich mußte an Turgenjew denken. Auf dem Spaziergang zeigte mir meine Mutter einen Molch am Boden, ein hellbraunes Jungtier mit bernsteinfarbener Rückenlinie; ich hatte noch nie einen gesehen, und sogleich hatte die Szene etwas Traumartiges, vielleicht weil unvermutet etwas Wirklichkeit wird. Ins Haus zurückgekehrt erwarteten wir meine kleine Nichte, die uns nach ihrem Eintreffen mit ihrem Handy unterhielt. Sie spielte uns einen Film ab, den sie damit gedreht hatte. Darin sah man eine Puppenprinzessin, die sich *frei* auf dem

Teppich bewegte und eine Schaukel, welche schwang, ohne daß sie angestoßen wurde, der Rest war weggeschnitten.

Abends, ein ungeheurer Vollmond baumelt vom Himmel, mit dem Bus zum TGV-Bahnhof; auf der Rückbank, uns gegenüber, ein blutjunger GI, rechts und links von einem französischen Teengirl flankiert, denen er was von Afghanistan erzählt … sie sind völlig hypnotisiert, ist ja auch wirklich wie im Film, man sieht förmlich ihre Milchshakes, die Jukebox und die roten Polsterecken … … Zugfahrt wie durchs schwarze Loch, abgedunkelte, spiegelnde Scheiben, irgendwo und nirgendwo …

# 13

Wien

26. Dezember. Ich mach die Augen auf und seh mir das Zimmer an: über mir eine hohe weiße Decke, alte Doppelfenster, berlinmäßig, Möbel aus den Achtzigern, viel Sprelacart; dann steh ich auf und schau zu dem Platz, den ich gestern Abend, als wir spät in die Pension eincheckten, nicht richtig gesehen habe – er ist menschenleer und schließt mit einer Post von Otto Wagner oder so was ab.

Nach einem Zimmertee stiegen wir das große mit Teppich ausgelegte Treppenhaus hinunter, querten den leeren Platz und begaben uns auf eine breite Straße, die Chérie, weil sie sich schon gut auskannte, den Ring nannte ... hier weiter dieses Berlingefühl ... alles voller imperialer Bauten, aber wie aus Pappmachée ...

Es ist noch einigermaßen früh, aber in der Gemäldegalerie des KHM's ist es schon ziemlich voll mit Touristen; sie trotteten, dann und wann einen Blick auf die Schinken werfend, wie Schlafwandler vorbei; na, Bilder gibt's auch viele ... bei manchen Malern scheinen sie's regelrecht auf Vollständigkeit

abgesehen zu haben, voilà der komplette …
Zwischendurch ging mal Chérie verloren, das war wie
die Nadel im Heuhaufen, und eine ganze Zeit war
man nur mit Gesichtsscanning beschäftigt …

Die Sammlung beherrbergt auch einen van der
Goes, seinen *Sündenfall* … Blick wie in ein
Terrarium mit toxischen Bewohnern in ihrem
künstlichen Habitat … Chérie sah sich das Bild kurz
mit mir an und zog sich dann zurück. Aus Höflichkeit,
damit ich mich *versenken* konnte – in den Drachen
mit dem Menschenkopf, der sich am Baum
anklammerte; wie man es auch anstellte, irgendwas
mußte man immer vernachlässigen, oder eben
bevorzugen; mal waren die Züge irgendwie weiblich
und es spielte was Hartes, Maskulines rein, dann
wieder männlich mit was Superzartem, Femininen
drin … die … äh … Karrierefrau und der Homo oder
so was…?

Zeitalter des Zwitters … den Dingen geht die
Eigenkraft aus – dafür steigt ihre Anfälligkeit für
Synthesen. Dem Prozeß scheint, einmal in vollem
Gange, eine Dynamik eigen, noch die letzten
Entitäten aufzulösen; von diesem Umschlagpunkte
aus setzen dann wieder die Differenzierungen ein,
denen kaum Grenzen gesetzt sind … auch das eine
Form des Wiedererstehens …

Abends, auf eine persönliche Empfehlung hin,
ins *Drei Hacken*: Kleiner holzgetäfelter Raum, der
mit unserem Eintreten in Stille fällt – bis wir
sitzen. Das Ritual wiederholte sich, als wir die

Bestellung aufgaben, danach, schien's, waren wir adoptiert ... und konnten unsererseits das Ambiente studieren ... Gleich rechts von uns ein hager-arbeitsames Paar an die Fünfzig, das sich, weitgehend stumm, mit dem Drehen seiner Feuerzeuge beschäftigte ... ein Bild, wie es zu jeder Gaststube gehört ... links ein Ehepaar über die Fünfzig weg, bieder gekleidet, das leise aber heftig stritt, ihr traten immer wieder die Wuttränen in die Augen – es ging ums Geld ... Die Wirklichkeit ist weich, wie Dynamit ... hat das schon mal jemand gesagt? ... wäre nicht verwunderlich ...

Im Bett lasen wir noch in den Flugzeugzeitungen, Chérie in der *Wienerin*, ich im *Standart*, dann umgekehrt; ich fand die *Wienerin* sehr esoterisch, jedenfalls im Verhältnis zu *Elle*; dann löschten wir das Licht und ich schaute hoch zu der hohen dunklen Decke, draußen die Kälte und die Stille.

27. Dezember. Anderntags freuten wir uns, dem Stephansdom unsere Aufwartung zu machen, der sich aus den prächtigen Bauten wie ein gewaltiger Fossilienberg erhebt, so zahlreich sind Altäre, Kenotaphe und Denktafeln, die jedes Jahrhundert hinterließ. Im Innern entgeht man der Demut nicht: Die Dienste der Bündelpfeiler jagen, berauscht folgt man der Bewegung, schnurgerade in die Höhe, verzweigen sich aber an der Decke in ein netzartiges Astwerk, das den Schiffen den Anschein riesenhafter Laubengänge verleiht. Am Fuß der Spaliere eine schöne spätgotische Kanzel,

die gleichwohl etwas entstellt ist. So ließ man es sich einfallen, den Handlauf der Treppe auf ganzer Länge aller Arten grob gestaltete Lurche und Kriechtiere hinaufwandern zu lassen, deren Zug ein Hund am oberen Ende Einhalt gebietet. Man findet dergleichen Allegorien viele in Kirchen und wundert sich stets über den Mangel an Kunstsinn der solchem Spuk Raume gibt. (Wie wenig bisweilen Kirchenmänner die Kunst achten, indem sie solche Verschandelungen genehmigen oder gar veranlassen, zeigte mir auch ein Besuch im Museu de Arte Sacra auf Madeira. Während wir eine Joos van Cleve zugeschriebene, an Klarheit und Einfachheit unübertreffliche Annunziation betrachteten, betrat ein Priester in schwarzer Robe die Halle. Sogleich waren wir voller Neugier, wie der Geistliche die wunderbaren Gegenstände aufnehmen würde, welche gleichsam seine Welt darstellten. Aber er besah sie nur äußerst flüchtig und mit gewisser Verachtung. Als er sich anschickte, eine beschädigte, der Wand zugekehrte Tafel dem Lichte auszusetzen, konnte ihn gerade noch eine Wache davon abhalten. Es war offensichtlich, daß für den Kirchenmann die religiösen Kunstwerke nicht mehr Bedeutung besaßen als seine liturgischen Geräte, womit er täglich hantiert, während sie für uns höchste Verehrung genossen – auch des reinen Geldwertes wegen.)

Café Landtmann; der Oberkellner geleitet im Schritte eines Dragoners zum Tische ... die Kraft des Typus wächst hier nur langsam heraus ... In den Sitznischen für eine Person ist Platz für deren

147

zwei. Der Luxus des Raumes gehört zu den Resten einer nicht durchdemokratisierten Welt, so noch heute auf Schiffen die „Businessklasse"; gleichwohl ist es inzwischen nur noch eine Frage des zu entrichtenden Preises, nicht mehr der mitreisenden *Gesellschaft* … Bestellten, um noch für die Mehlspeisen gerüstet zu sein, Wiener mit Kren … zwischendurch kommt der Kellner heran und fragt, ob er abräumen darf, bevor man noch recht antworten kann, setzt er hinzu: *Ich will sie nicht bedrängen, sondern erleichtern* … Wo ein Sinn für Courtoisie herrscht, gibt es auch gute Diplomaten …

28./ 29. Dezember. Die Stadt wurde frostig, jeden Tag etwas mehr, leichter Schneegriesel fiel durch die helle Luft.

Zur Gemäldegalerie der Akademie der bildenden Künste, des Weltgerichtstryptichons von Bosch wegen; bedarf den Blick des Chirurgus … Die Museumssäle sind von den Malräumen der Studenten umgeben; zwar waren sie heute geschlossen, doch drang aus ihrem Innern starker Firnisgeruch hervor und verbreitete sich im ganzen Hause … Was uns an einem Aroma berauscht, ist, ähnlich dem eingehändigten Versprechen, seine schon tangible Potenz, ob sie sich nun bestätigt oder nicht …

Was begreifen wir von einer unbekannten Stadt … vom Räderwerk des Alltags teilt sich uns selbst nach einer Woche nur wenig mit, man bleibt wie auf der *Durchreise*; so bewegt bisweilen die Frage, wie *echt* dann der Ertrag noch ist …

Nach ein paar Tagen ist klar, wie's hier läuft, die Leute haben es nicht so sehr mit dem Neo-Look sondern mit L'Attitude – sie machen einen auf früher; irgendwo auf einer gegenüberliegenden Straßenseite, als wär drüben ein Dreh, zuckelte ein Pärchen Anfang dreißig in kompletter Zehner- oder Zwanzigermontur lang, Pelzbesatz, Stock … in der Kassenschlange im Supermarkt steht ein Polizist und macht einen auf Schwarzweißfilmwachtmeister … und jetzt hier im *Engländer* saßen nun die zwei Zuhälter (und ihre Nutte) mit den zurückgegelten Haaren, schmalen Schnauzern und den Originallederjacken aus den Fünfzigern, die wie eine Zeitblase um sie rum war … Ich steckte mir eine an … der Rauch kräuselte sich sanft in den hyperrealen Raum hinein … Ich konnte nicht verstehen, worüber die Typen miteinander redeten, aber von ihrem Gestikulieren drang das metallische Klirren ihrer Schuhschnallen und Fingerringe hin und wieder zu uns rüber … Dann drückte ich die Zigarette aus, wir gingen durch die Tür und aus der Szene raus …

30. Dezember, Abflugtag; zur Neuen Donau, die hier optisch besser als die alte kommt; man fährt direkt mit der U-Bahn auf die Kombibrücke mit Autoüberführung und dem vollgetagten Fußgänger-/ Skaterstreifen. Reichsbrücke. Auf der stillen, nur

von einem leichten Wind gewellten Oberfläche des eisigen Wassers, ein Prachttaucher, zimtbraun und weiß ... die kalte Schönheit materieller Präzision ... im Hinabgleiten kleine Ringe in den Spiegel setzend, die sich aufschießend, konzentrisch, ausgreifend um den Vogel breiten und, bis sie als schwache Riesenkreise verebben, nichts in ihrer Bildung stört ... Das Leben wirkt auf die tote Materie ein und setzt doch nur deren Gesetze ins Werk ...

Spät abends hebt unser Flugzeug wieder nach Paris ab; als es die Wolkenschicht durchbrochen hat und in die Dunkelheit aufgestiegen ist, unter uns, im Widerschein der Stadtbeleuchtung, die Wolkendecke über Wien, ein schwefeliges Rosa und Orange, als stünde alles in Flammen.

# 12

Elsaß

Mit meiner Frau beim Schwiegervater im 16e; Gespräch drehte sich auch um unseren avisierten Abstecher ins Elsaß, beschied im Ohrensessel unser Unternehmen mit dem Satz: „C'est bien, faites-vous des souvenirs!" – Macht euch Erinnerungen ...

Gefühl, von Paris aus in eine abgelegene Gegend vorgedrungen zu sein, war selbst mal Zentrum – und wird es vielleicht wieder. Eindruck des in sich Geschlossenen, links vom Rhein begrenzt, rechts steht die Vogesenkette; auf dieser morgens, vom Zuge aus, ein Widerschein der aufgehenden Sonne; aus jedem Dorf ragt ein Kirchturm, ohne Geist kein Körper ...

Straßburg. Konservierter Stadtkern – Illusion des Intakten ... doch sind es nur Reminiszenzen, kann aber auch wieder was draus werden. Im Münster an der „Hammer"-Kanzel: ein Gespinst aus Kreisen, Rauten und Schleifen zum Bandmuster verwoben; die Sandsteinkanzel gleicht dem porig-exzentrischen Stützapparat von Einzellern ... das Leben vermag fast alle Formen anzunehmen.

Eine junge Frau *streichelte* dort ausgiebig einen Gegenstand ... ihr Tun erinnerte mich an einen Traum, wo ich, im Auto sitzend, mit einem Kuchen auf der Fahrbahn das gleiche tat, ein Sinn blieb mir damals völlig im Dunkeln ... Es war wie häufig ein

Hütehund, der hier in der Treppenbalustrade Dienst tat, als mantisches Tier sieht es einer jeden Seele auf den Grund. Er ist dem Höllenhunde verwandt, welcher vor der Unterwelt sitzt und diese von jener Welt scheidet. Ersteigt nun der Prediger die Kanzel, soll das Malum (der Hund erkennt es) von ihm abgenommen sein; das Kanzelwort ist heilig. Ist ein solches Tier als Glücksbringer geeignet? – der Unbedarfte muß Strafe auf dem Fuße fürchten. An der Pariser rue des Écoles steht eine Bronzestatue Montaignes; der vorgestreckte Schuh ist golden gerieben – *que sais-je* – das geht schon eher an. Schadet jedenfalls nicht.

Nach Colmar hinüber, endlich den Isenheimer Altar Grünewalds zu besehen. Er steht in einem Kloster, dasselbe wurde aber in ein Museum umgewandelt, immer noch besser als in eine Sparkasse, man muß bescheiden sein. Auf dem geschlossenen Retabel, der *Beweinung*, glaubt man Böcklins Toteninsel vor sich: Um das Kreuz und hinter ihm breitet sich bereits das Schattenreich aus, das alle Umstehenden, etwa Maria und Magdalena, wie Hingegangene aussehen läßt. Der *Heilsplan* der zweiten Wandlung ist nach dem Prinzip des Einfältigen konzipiert, Jesus, Maria und der Erzengel mit ganz stumpfsinnigen Gesichtern, während sich um sie her alles belebt, Möbel, Ornamente ... und in *fließenden* Farben hinströmt. Der Begriff Wandlung ist hier wörtlich zu nehmen, jede Schauseite hat einen auffallend abgesetzten Stil, wird dem Gegenstand förmlich aufgedrungen.

# 11

Paris

Jardin des Plantes. Seitlich der Hauptallee – ein indischer Palastgarten mag das Vorbild gewesen sein – eine Magnolia grandiflora. Noch in einem botanischen Garten stellt der imposante Baum eine Ausnahme dar: Unbeschnitten verzweigen sich gleich über dem Boden sparrige Äste, aus denen Blüten riesenhaften Wuchses treiben; die schneeweiße Corolla umfängt einen purpurbraunen kolbenartigen Stempel mit tannennadelharten „Staubfäden". Nähert man sich der kolossalen Krone, weht von dieser ein schwerer Duft nach Aperitifen entgegen, gerade, als ginge man an einer Destillerie vorüber. Kartonstarke dunkelgrüne Blätter bilden das Laub. Muß dieses Gewächs nicht einem fernen Äon entstammen, als die Lebewesen noch im Größenwachstum wetteiferten – prähumanen Zeiten? Für welche Insekten waren solche Blüten gedacht ... Auch Landschaften dieser Art existieren noch, die die Erosion kaum gangbarer gemacht hat, wie in der Bretagne das Amorikanische Massiv, dessen klobige Höhen, von alten Eichen überwuchert, die Region wie Sperren durchziehen.

Mir kam wieder eine Reise nach Rügen in den Sinn, wo ich dereinst eine Alte nach dem Weg zu den Hünengräbern fragte, und welche, bevor sie Bescheid

erteilte und die Richtung wies, langsam und wie
versonnen die Worte sprach: „Ja, die Riesen ...“

# 10

Banyuls, Roussillon

War dies ein Verlust zu nennen? Als ich einmal in einer abgelegenen felsumgrenzten Bucht ein Bad nahm, gewahrte ich, wie etwas von dem mit rundem Geröll bedeckten Grunde heraufleuchtete. Danach einige Meter hinabtauchend, förderte ich eine in den Farben des Meeres tingierte Muschel, von zartem Rosa und Hellgrün, zu Tage und schenkte sie meiner Frau. Auf der Reise kam uns das reizende Gehäuse indes abhanden. – Doch ging es nicht mehr und nicht weniger verloren, wie jener Moment, als wir eines Abends einen Spaziergang hinauf in die Altstadt unternahmen und unversehens durch einen starken Parfumduft aufgehalten wurden, einer gerade vorüber gegangenen Frau zugehörig wähnend, welchen aber ein Busch Belle de Nuit, Wunderblumen, entsandte, deren harlekinartigen, rotgelb gesprenkelten Blüten sich erst am späten Nachmittag öffnen. Nicht zuletzt für den Windenschwärmer, der sich im Dunkeln zu den duftenden Blumen aufmacht. Am Tage, so daß wir einmal beinahe auf einen traten, ist der afrikanische Wanderfalter von den Bodenplatten aus Schiefer kaum zu scheiden, womit der Ort ausgelegt ist, und dem er in Ton und Textur so sehr gleicht. Weckt man das Tier ein wenig aus seinen Träumen, zieht es mechanisch die düstern Decken zur Seite und gibt die Querbinden des Hinterleibes frei, in deren Farben das Fatum zu erscheinen pflegt, schwarz, rot, weiß.

# 9

Paris

Bin ich in einem Traum? Im Jardin du Luxembourg spazieren gehend, ist mir, ähnlich einem Déjà-Vu, als hätte ich die Szene schon einmal, selbst, erlebt ... Ich komme an dem ausladenden fontänesprühenden achteckigen Brunnen vorbei, in dem die Kinder hölzerne Boote mit blauweißem Segel schwimmen lassen, die sie sich an der Verleihstation geholt haben – und es ist, als käme mir hier eine Erinnerung auf, wie *ich* am Rand mit einem Stock stehe, mein Boot damit abzustoßen, es segelt an Enten vorüber, und dann auf die andere Seite laufe, um mit dem Spiel fortzufahren. Aber kann man sich an etwas erinnern, das man nicht erlebt hat? Darauf wandere ich weiter durch den geräumigen Park mit seinen barocken Hecken und schönen Blumen und gelange in einem seitlichen Teil vor ein Karussell. Und wieder, vielleicht sogar noch stärker als zuvor, erfüllt mich das Gefühl, hier werde ein Bild aus Kindertagen geweckt. Saß ich nicht ebenso wie diese Jungen und Mädchen auf einem der Holztiere, Pferd, Elefant, Kamel oder Hirsch unter dem grünen Zeltdach? Und hatte man nicht auch mir einen kurzen Holzstab in die Hand gegeben, den ich aufmerksam vom Körper abgestreckt hielt, um so viele Ringe wie möglich zu erhaschen, die der Karussellbetreiber, meist derselbe, kaum waren sie ihm entrissen, aus diesem merkwürdigen, birnenförmigen Gegenstand zog, der von einem neben dem Karussell befindlichen Pfeiler herabhing?

Dies nun sind die beiden Vergnügungen für Kinder im Jardin du Luxembourg, welche ein solches Gefühl der Vertrautheit entstehen lassen, als hätte man jene Spiele selbst auch gespielt. Doch, habe nicht auch ich Schwerter und Boote besessen? Zweifellos, aber was hier so an mein Innerstes rührte, war nichts anderes als das Ideal des zauberhaften Ortes und das, wie alles Ideale, die Grenzen zwischen Wunsch und Erfüllung, wo nicht einbrennt, augenblicklich verwischt.

# 8

Paris

Infolge von Besuchen am Pariser Stadtrand, den Banlieues, hatte ich einen Traum; er war insofern merkwürdig, als er kaum etwas über meine Psyche auszusagen schien, aber dafür um so mehr über die Verhältnisse vor Ort, es war ein sozio-politischer Traum.

Von einer Gewalt andeutenden Szene abgesehen (in der Eingangshalle einer RER-Station stand einmal ein großer Schwarzer vor einem weißen Anzugträger, der am Boden gerade seine Papiere zusammensammelte, eine untätige Menschentraube sah ihnen zu), machten die Banlieues gar keinen so üblen Eindruck, manchmal waren die Häuser nur wenige Stockwerke hoch, auch frisch gestrichen, überall gab es Grünanlagen und Zebrastreifen; aber dennoch konnte all das die *Öde* und das Gefühl, nur Anhängsel der eigentlichen Stadt zu sein, nicht überdecken.

Die erlebten Irritationen gab mein Traum mit einer Verirrungsszene wieder, die mit einem etwas kryptischen Traumsatz eingeleitet wurde:

*Ich hatte mich verlaufen, als ich zu meiner Freundin* (meine heutige Frau) *stoßen wollte, die sich in einem weiträumigen, menschengefüllten Haus aufhielt.*

Worauf sich der ahnungsschwere, aber in der Rekapitulation recht logische Satz anschließt:

*Vieles war dem Nachfolgenden vorausgegangen.*

Erst jetzt, nach dem einführenden Motto gewissermaßen, geht der Traum in die konkrete Phase und erzählt davon, wie ich einen Bus nahm,

*der mich in die Irre führte, an den Stadtrand* (von Paris).

Weiter geht es von nun an zu Fuß, immer tiefer in die *Peripherie vordringend* und gleichzeitig ins *Elend.* Die Menschen wurden jetzt immer seltener und im selben Maße auch ärmer und fingen an, mich anzusprechen,

*aber ich wich ihnen aus, denn ich war unterwegs zu meiner Freundin.* Relativ spät, heißt es, kam ich auf den Gedanken, ein Taxi könne mich aus der mißlichen Lage befreien, und, kaum gedacht, brauste auch schon eines *– vorüber, belegt mit Reichen.* Im Moment der größten Ausweglosigkeit, denn ich fand nun auch keine Busstation mehr wieder, machte ich die erlösende Bekanntschaft mit einem

*jungen Mann* und einer *jungen Frau, die mich mit zu sich nahmen* und *in ihrem Haus von Früher erzählten.*

Gleichwohl war das Haus alles andere als ein Ausweg, es war ein metaphorisches „Haus der

Entscheidung". Denn gleich beim Eintreten konfrontierte es den Besucher mit einem Gang, der sowohl nach

*links*

wie nach

*rechts*

führte und jeweils mit einer Tür endete. Ich ging aufs Geratewohl oder vielleicht auch automatisch den linken Gang entlang und aus der Tür, aber

*da war eine Mauer und nur grauer Stein,*

weshalb ich es dann rechts versuchte,

*doch nun war mir der Weg abgeschnitten, von einem Fluß,*

der am jenseitigen Ufer noch mit einem Maschendrahtzaun bewehrt war – aber zumindest waren auf der anderen Seite Menschen und vielleicht auch eine Busstation. Schon laut überlegend, wie ich herüberkäme, warnten mich meine *Begleiter*, dort sei es *gefährlich* und im selben Moment

*holten Männer der anderen Seite Maschinenpistolen heraus und schossen, und fette Wölfe rannten vorbei.*

Zunächst schienen die Scharmützel auf die andere Seite beschränkt, doch dann drehte sich einer der Männer zu uns und feuerte in unsere Richtung; in Deckung gehend, flüchteten wir zum Haus zurück, und der junge Mann gab mir gleich noch eine Empfehlung mit:

*daß es obligatorisch sei, sich zu ducken.*

Der erste Traumteil hat nun klar eine soziologische Grundierung, indem er sich mit der komplizierten Wohn- und Lebenssituation der Stadtrandbewohner und, auch das ist nicht zu vernachlässigen, mit den Infrastrukturproblemen auseinandersetzt. Denn für die jungen Leute, die in Paris ausgehen, ist es zwar noch relativ leicht, nach der Disco mit dem RER zu ihrer Banlieue zu kommen, aber eben nicht unbedingt zu ihrer Wohnung, für die sie oft mehrere Stationen mit dem Bus fahren müssen, der aber nachts nicht mehr verkehrt.

Der zweite Traumteil wird richtig politisch, thematisiert er doch die (sich rhythmisch bei Wahlen wiederholende) Hinundhergerissenheit des Bürgers zwischen sozialer Sicherheit (bis hin zum linken Populismus) einerseits (*da war eine Mauer und nur grauer Stein*) und dem Wunsch nach größtmöglicher Freiheit andererseits, wie sie die Marktwirtschaft (bis hin zum rechten Populismus) verspricht, gleichwohl mit der Einschränkung, daß einem der Staat die Eigenverantwortung nicht abnimmt (*fette Wölfe rannten vorbei*).

# 7

Infolge einer Fahrt nach Verdun hatte ich einen sich auf Schlachten beziehenden Traum, doch, und das ist wohl nicht verwunderlich bei den starken Eindrücken, bearbeitete er ziemlich eingehend dieses Thema, aber nahm letztlich keinen Bezug auf meine Individualität, es war ein Antikriegs-Traum.

Wie eine Überschrift leiten ihn die Worte:

*Das Kampffeld*

ein. Aber gleich danach finden wir uns auch schon mitten im Getümmel wieder, daß reichlich altertümlich wirkt. Denn es ist da von einem Mann und seinen Gefährten die Rede, die sich, hinter Hügeln verborgen,

*im Krieg mit anderen Männern Lanzen, Speere und Pfeile zusenden.* Und weiter heißt es, wobei nun aus der Gegenwart Zukunft wird, so daß wir gleichsam dem Bericht eines „Sehers" lauschen:

*So lange wird der Kampf dauern, bis fast alle Kameraden an seiner Seite gefallen sind.*

Mit Einstellung der Kampfhandlungen würden beide Parteien aufstehen und aufeinander zugehen. Aber zwischen sie

*werden,*

mahnend, wie es scheint,

*die Toten treten, mit Masken auf wie ihre früheren Gesichter. Sie werden die Masken abnehmen oder wie Binden abrollen und ihre zertrümmerten Kiefer zeigen.*

Doch auch für Ironie, wie sie der echte Kämpfer, der sein Leben beständig am Abgrund führt, besitzt, ist Platz, heißt es doch:

*Und einer wird auf sein Gesicht weisen und sagen, ‚Seht mich an, ich habe keine Treffer ins Gesicht bekommen, nur in den Bauch, deshalb sehe ich noch tadellos aus.'*

Man kann förmlich das Lachen der Lebenden und Toten hören, in das sie gemeinsam einfallen.

Mit der versöhnungsstiftenden Heiterkeit ist die Aufgabe der Toten beendet, und es ist an der Zeit der Lebenden, die neu zu gestaltende Zukunft ins Auge zu fassen:

*Und der älteste der überlebenden Männer wird mit Atommüll verseucht sein, und auch er muß forschen nach dem Mittel dagegen* (kein Gott kann den Menschen diese Arbeit abnehmen).

*Und dafür braucht er Geld, wofür wir alle eine Sammlung machen.*

Der letzte Satz (übrigens wieder in die Gegenwart zurückspringend), appelliert an die Opferbereitschaft, die nunmehr eine pekuniäre ist.

# 6

Randberlin

Januar. Mir war recht merkwürdig zu Mute, wo war ich hier, war es ein Filmstudio; von der Busstation spazierte ich zu dem Haus meines Besuches durch Neu Karow, das an Alt Karow erst kürzlich herangebaut worden war und Häuser wie jene der Innenstadt besaß – Mietskasernen mit roten Dachziegeln, aber alles aus Beton und ganz einförmig; wo ich zu Besuch war, blickte ich immer mal wie von ungefähr aus dem Fenster auf den Ballonplatz, der so hieß, weil die Häuser hier eine leichte Krümmung besitzen, aber nur schwach, na so schwach jedenfalls, daß dies hier nicht der Ballonplatz sein konnte, die Rückseite vielleicht.

Da mir nach meinem Besuch noch etwas Zeit blieb, so streunte ich auf's Geratewohl in der Siedlung herum und kam dabei an einem hübschen Teich vorbei, ein Weg lief darauf hin und endigte auf einem Betonblock darüber, so daß man auf die Entlein unten herab schaute; ihnen wollte ich von meiner Wegzehrung zuwerfen, als ich das Schild las: Wir bitten, die Fütterung der Vögel und anderer Tiere im Bereich des Regenrückhaltebeckens zu unterlassen, da hierdurch die Ansiedlung von Nagetieren gefördert wird. Richtig, waren mir denn nicht die Rohrkolben am Wasserrand aufgefallen, hier, in der Stadt … Auf einmal kam Leben auf, ein Pudel bellte in einem fort einem Balle hinterdrein, der ihm in den Teich gerollt; und nun schalt ihn auch noch seine Herrin aus: Da hast Du Pech gehabt … Was läßt Du auch den Ball da reinfallen … Dergestalt zieh sie ihn noch eine Weile recht laut, als sei gar niemand da, nicht einmal ich, welcher doch ganz nahebei war.

Darauf kehrte ich zur Hauptstraße zurück und folgte ihr ein Weilchen, bis von derselben ein Sträßchen abzweigte, warum sollte ich dieses nicht nehmen, wo es sich so schön anbot … Nicht lange auf ihm unterwegs, war ihm bald ein Ende gesetzt durch einen breiten Grünstreifen; so nahm ich eben diesen, bog alsbald um die Blockecke und erblickte wieder den Streifen, der an einer Trennwand Halt machte, wohinter das Rauschen der Fernverkehrsstraße zu vernehmen war.

Unversehens war hier die Stadt zu Ende, und so blieben mir denn zwei Möglichkeiten – entweder es den Bewohnern gleichzutun und buchdruckend auf Trampelpfaden einherzugehen, einzeln und über irgend etwas grübelnd, oder den Heimweg anzutreten, was ich denn tat, alldieweil ich hier ohnehin nicht zu Haus war.

# 5

Berlin

Vor einem Gebäude, das die Bezeichnung altersgerechtes Wohnen trug, stand ein Müllauto: Gerade war jemand gestorben, und nun trugen Müllmänner die Möbel des ehemaligen Bewohners nach unten und warfen sie in das Auto. Das hatte in seinem Innern, gut sichtbar, eine Art ungeheure Zange, die sogleich Stühle, Tische und Schränke unter infernalischem Lärm zusammendrückte. So ging es zügig voran. Die Verbliebenen, welche aus dem Fenster blickten, sahen wie betäubt dem Treiben zu.

# 4

Berlin

In unsere alten Wohnungen kehren wir im Traum
wie Wiedergänger zurück. Verwahrlost oder stark
verändert und von neuen Mietern bewohnt, sind
sie uns fremd geworden, kaum mehr finden wir
uns zurecht. Unter dem Vorwand, etwas holen zu
müssen, zu regeln, irren wir durch die Zimmer und
Flure. Es ähnelt den Verstorbenen des Bardo
Thödols, welche zunächst ihr bisheriges Dasein
nach der alten Gewohnheit „fortsetzen", ohne zu
merken, daß sie nicht mehr unter den Lebenden
sind.

# 3

Koppenbrück (Brandenburg)

Weihnachten. Durch das Zentrum des Dorfes geht noch die alte Pflastersteinstraße, sie ist wellig, daß die Autos an manchen Stellen richtig darüber springen, wie eine graue ledrige Schlange liegt sie da. Die alte Landstraße, die zum Dorf hinführt, ist inzwischen aus glattem schwarzen Teer, mit hellen Markierungen und hält genau am Ortseingangsschild. Dahinter kommt dann die alte Huckelstraße, die man erhalten wollte … Mein Vater sagte, das seien die Grünen gewesen. Etwas betreten blicken wir auf den Übergang und murmeln irgendwas. Na ja, wieder so ein Fall, wo man nicht weiß, was man sagen soll. Ist das nun gut oder schlecht? Langsam aber sicher kroch der Abend herab, es nieselte, und wir lenkten die Schritte zum Haus zurück.

# 2

Paris

Es ist die Zeitlosigkeit, welche dem Reisetagebuch
seinen besonderen Reiz verleiht; die vorangegangenen
Jahrhunderte fallen hier weit weniger ins Gewicht als
im Roman ... In allem Wandel ist auch Beständigkeit
... So finden wir etwa auf vielen Levanteinseln den
Wald verschwunden und durch Macchia ersetzt, doch
werden sie seit Urzeiten von den gleichen Schlangen
bewohnt ...

Eine sonderbare Analogie besteht zur Photographie;
ihre chronometrischen Eigenschaften verblassen an
jenen Stellen, wo Tiere befindlich; ein streunender
Hund, die auf dem Schoße sitzende Katze scheinen
dann wie aus der Zeit und ihren Moden gefallen ...

# 1

Koppenbrück (Brandenburg)

Pfingsten. Das Wetter war top und wir, meine Frau und ich, fühlten uns in dem Fachwerkhaus (meiner Eltern) mit den hellen Dielen und der weißen Küche mit dem Glaskeramikherd und dem geräuscharmen Kühlschrank, das uns allein zur Verfügung stand, sehr wohl. Die Tage würden, wie sie es hier immer taten, in angenehmem Wechsel von Lesen, dabei manchmal aus dem Fenster in den Garten sehend, Essen, besonders gern das frische Graubrot von Edeka, und Spaziergängen dahingehen.

An einem Nachmittag hörten wir ganz in der Nähe einen Kuckuck rufen, gleich lief ich durch die Küche, öffnete die blaue Hoftür und entdeckte ihn auch, er hatte sich auf einer toten (inzwischen umgestürzten und abgeräumten) Weide unweit des Gehöftzaunes niedergelassen. Abends folgte jeder seinen Neigungen, meine Frau blieb im Haus, und ich unternahm einen Spaziergang. Er führte über den Weg aus Betonplatten, in zwei Reihen ausgelegt, zwischen denen das Gras aufbuschte, am Haus der Nachbarn (auch Berliner) und dem der Bauern vorbei, wo er rechts an ihrem Gehöft um die Ecke bog und sich danach geradeaus von Wiesen umgeben hinzog. Inzwischen ging die Sonne golden unter und setzte die Landschaft in ein schimmerndes Zwielicht. Da hörte ich den Kuckuck erneut, er rief von den hohen Pappeln am Uferrand eines Flüßchens, das der Plattenweg, von einer Holzbrücke kurz abgelöst, überwindet. Ich ging auf sein Rufen zu und betrachtete dabei wieder fasziniert die Wirkung des Zwielichtes, das alles in Details zerlegt, ein schwankender Grashalm wie die anderen aus der Weide hervorstechend, eine Gruppe unterschiedlich schwingender Schilfrohre, an den Bäumen unendlich viele einzeln schaukelnde Blätter – wobei der Effekt in größerer Entfernung noch höher war. Langsam näherte ich mich der Baumreihe an, konnte den Kuckuck aber nirgends entdecken, obgleich er überall aus den Pappeln zu rufen schien. Als ich direkt unter den Bäumen angekommen war, hörte er auf. Dann flog er nach einem Moment der Stille aus einer unvermuteten Richtung auf und strich zu den Wiesen und Äckern, wohindurch der Plattenweg fortläuft. Der Vogel scheint sich von der ihn umgebenden Natur etwas abgeschaut zu haben, der Zeit, seine Mimese besteht darin, sich bei seinem Rufen mit einem Echo oder Hall zu verhüllen, so ist er zwar immer präsent, aber nicht zu fixieren.

Ich hatte das scheue Tier zweimal an einem Tag gesehen, das war nicht schlecht; ich kehrte befriedigt zurück und freute mich aufs Abendbrot, das meine Frau vielleicht schon anrichtete.

# Quellenhinweis

Durrell, Lawrence: Schwarze Oliven. Korfu – Insel der Phäaken. Copyright © 1963 by Rowohlt Verlag GmbH, Reinbek bei Hamburg; „Prosperos' Cell" Copyright © 1945 by Lawrence Durrell

# Dank

für die Vorbemerkung an Tom Peuckert. Tom Teuckert ist Dramatiker, seine zahlreichen Stücke, etwa *Luhmann* oder *Gedächtnisambulanz*, wurden an vielen Theatern uraufgeführt, Berliner Ensemble, Theater Bielefeld, Theater Freiburg. 2015 erschien sein mit Harald Martenstein verfaßter Roman: *Schwarzes Gold aus Warnemünde*.

Ferner Dank an Frank Roßmann für das Korrekturlesen sowie an

Stéphane Roqueplo, Graphiker, für die Hilfe bei der Gestaltung des Covers.